斎藤一人

檄文

かっこよくて最高に楽しい
ミラクル・ワード

斎藤一人・舛岡はなゑ 著

マキノ出版

一人さんからのはじめに

斎藤一人

ただ読むだけで、ほかのどんなものより強力なパワーがもらえる言葉があります。
それが、今、一人さんがもっとも熱を入れている「檄文（げきぶん）」です。

檄文というのは、ある日突然、私のもとに降りてきた8つの力強い詩（うた）です。
神様からいただいた、魂を浄化する鎮魂歌。

たとえば山伏は、厳しい山岳修行に励むことで強いパワーを受け取りますが、檄文は、家にいながら山伏をはるかにしのぐエネルギーがもらえます（個人の感想です）。

ただ読むだけでもじゅうぶんだけど、ちょっと声を張って読み上げると、まるでビッグバン（宇宙のはじまりとなる大爆発）のごとく、愛と光の爆弾が炸裂する。

檄文にはとんでもない力があって、唱えた人から奇跡のストーリーが始まります。

人間の理解を超えることがじゃんじゃん起きるのに、その一方で、なぜか心は安らぎ、優しい愛があふれてくる。

しかも、檄文は教わるのも、参加するのも無料です。


自分を変えたい。

悩みから解放されたい。

幸せな最高の人生にしたい。

誰もが抱くこんな思いは、檄文があれば最短で現実のものとなるよ。


不思議な話だけど、そういうのが好きな人、楽しめる人、信じられる人はぜひやってみてください。

きっと、楽しくてやみつきになると思います。

はなゑさんからの はじめに

舛岡はなゑ

感謝しています！　舛岡（ますおか）はなゑです。

まず、この本を手にしてくださったみなさんへ……おめでとうございます！

あなたはものすごくツイてます。ラッキーです！

なぜなら、本書でご紹介する檄文には過去最強の言霊（ことだま）があり、これを読み上げるだけで、あなたの幸せは確約されたようなものだからです。

檄文の力を信じて唱えると、今、抱えている問題はたちまち解決します。

この先も、目の前の出来事にいちいち動揺しなくなり、自分の思う通りの道を突き進むことができます。

経済的なゆとりを手に入れ、最高の仲間に囲まれながら、好きな仕事、楽しい趣味で満たされた人生を全力で生き抜く。

自分に与えられた時間を、最後の最後まで笑いながら生き切ることができます。


私は何十年と一人さんのそばにいますが、これまでの一人さんのイメージといえば、春の陽だまりのようなあったかい人。情熱を持ちながらも、ふだんはすごく冷静で、神様みたいなにっこにこの笑顔なんですね。

ところが最近の一人さんは、今までの雰囲気とはちょっと違うのです。

もちろん愛情深い、優しい人であることには変わりないのですが、檄文のこととなると、激しく燃えさかる炎のようなオーラになる。その熱い波動を浴びると、そばにいる私まで燃えたぎってくるほどです。

こんな一人さんは、はじめて。

あれだけ穏やかな一人さんをここまで燃え上がらせるなんて、それだけでも私は、檄文に底知れぬパワーを感じるのです。

櫛文は全部で8種類あり、これを1人1つずつ読み上げる「櫛文気愛合戦（以下、櫛文合戦。詳しくは１０２ページ参照）」というのを、今（２０２２年12月現在）、私たちはオンライン上で行っています。

そこでも、櫛文がいかに強いパワーを帯びているかがよくわかる不思議な現象がたくさん起きているのです。

たとえば急にパソコンや携帯電話の電源が落ちるとか、オンラインにつながらなくなるケースが後を絶たないのです。でもこれが不思議なことに、櫛文合戦が終わると、何事もなかったかのように復旧する。

精密機器や電波を扱うものは繊細なため、櫛文の波動が強いあまり、こうしたエラーが起きてしまうのかもしれませんね。

このように、櫛文にはかつてない圧倒的な力があり、その波動で私たちをグイグイ後押ししてくれます。世界中の神様を味方につけたといっても過言ではないくらいの、インパクトがある。

しかもそのエネルギーを受け取るには、ただ檄文を読み上げるだけでいいのですから、こんなに簡単なことはありませんよね。

檄文パワーで、あなたの人生も奇跡に満ちたものとなりますように。

そんな願いを込めて、この本を贈ります。

お知らせ

私（斎藤一人）は自分を大切にしているので、いつも自分のことを「一人さん」と呼んでいます。

また、本書では「神様」という言葉が何度も出てきますが、これは特定の宗教を指すものではありません。お天道様や、命の根源、この世のすべてを生み出した大いなる力といったものを意味します。

8つの「檄文」紹介

抜刀隊　檄文（はなゑ隊）

我々無敵の突撃隊は
敵陣深く切り込んで
血しぶき受けて抜刀隊（ばっとうたい）
大和魂（やまとだましい）貫いて
取って取って取り抜いて
勝ってみせます日本一

以上

神風隊　檄文（みっちゃん先生隊）

風よ吹け波荒れよ
我々無敵の神風隊（かみかぜたい）は
御館様（おやかたさま）をお守りし
阿修羅（あしゅら）の如く戦って
赤い血を吹くむこう傷
勝って勝って勝ち抜いて
取ってみせます日本一

以上

龍神隊　檄文（柴村隊）

我々無敵の龍神隊（りゅうじんたい）は
御館様の命のもと
血刀（ちがたな）さげて切り込めば
骨は砕けて肉は飛び
攻めて攻めて攻めて攻め抜いて
なってみせます日本一

以上

隼隊　檄文（まゆみ隊）

我々無敵の隼隊（はやぶさたい）は
御館様をお守りし
名誉にかけて突き進み
血の一滴の枯れるまで
攻めて攻めて攻め抜いて
絶対なります日本一

以上

騎馬隊　檄文（千葉隊）

我々無敵の騎馬隊は
毘沙門天の旗のもと
真っ先駆けて前進し
一番槍に輝いて
取って取って
取ってみせます日本一

以上

金剛隊　檄文（芦川隊）

我々無敵の金剛隊は
闇を切り裂く火縄銃
火薬の煙もうもうと
いならぶ豪傑よりすぐり
勝って勝って勝ち抜いて
なってみせます日本一

以上

大魔人　檄文（宇野隊）

我ら無敵の大魔人
荒れくる海を押し渡たり
前に押し出す大砲も
ねらいたがわず炸裂し
雄叫びあげて突き進み
取って取って取りまくり
勝ってみせます日本一

以上

荒武者隊　檄文（遠藤隊）

我々無敵の荒武者隊は
仁義にかけるあで姿
命をかけて出陣の
かけた誓いを明王に
勝って勝って勝ち抜いて
なってみせます日本一

以上

各隊について

一人さんの直弟子（まるかん正規販売代理店の社長）がリーダーとなり、それぞれの会社に所属するメンバーで構成されます。

はなゑ隊	舛岡はなゑさんが率いる隊
みっちゃん先生隊	みっちゃん先生が率いる隊
柴村隊	柴村恵美子さんが率いる隊
まゆみ隊	宮本真由美さんが率いる隊
千葉隊	千葉純一さんが率いる隊
芦川隊	芦川政夫さんが率いる隊
宇野隊	宇野信行さんが率いる隊
遠藤隊	遠藤忠夫さんが率いる隊

斎藤一人　檄文

斎藤一人・舛岡はなゑ　著

斎藤一人　檄文　もくじ

第2章　優しく愛のあふれる魂に変わるよ　49

第3章　自分の殻が破れて新しい人生が始まるんだ　73

第4章 真剣勝負の楽しい遊び「檄文」Q&A

斎藤一人×舛岡はなゑ

題字 斎藤一人
構成 古田尚子
装丁 藤田大督
校正 東 貞夫
編集 高畑 圭

第1章

人生が激変する最高の言霊

斎藤一人×舛岡はなゑ

8つの檄文は天から降りてきたんだ

舛岡はなゑ（以下、**はなゑ**） 今、大勢の一人さんファンが夢中になっている「檄文」ですが、実はこれ、20年以上前に一人さんが作ってくれた詩（うた）なんですよね。

斎藤一人（以下、**一人**） そうなんだ。私たちの会社（サプリメントや化粧品を製造販売する「銀座まるかん」）では、新型コロナ感染症が流行する前は、年に1回、全国から2000人以上もの人が集まるパーティをしていたんです。

今から20年くらい前のときに、大声で元気づけをして盛り上がる「気愛合戦（きあいかっせん）（一人さんは気合を気愛と書きます）」というのが行われていて。

で、お弟子さんたちから「各隊ごとに、かっこいい詩みたいなのがあるといいね」っていう話が出て、そのときにパッと思いついたのがこの檄文だった。

はなゑ　あっという間に8つの詩が生まれましたよね。

一人　私は何も考えてないいんだけど、急にワーッと言葉が降りてきたんだ。近くにいた人に、「ごめん、今から俺が言うことを書き留めてくれるかい？」ってお願いしてさ。ものの何分かで、全部出てきた。

それを並べてみると、なんとなく「これ、はなゑちゃんっぽいなぁ」「こっちは、みっちゃんのイメージ」「恵美子さんは、これだよね」って、なぜかそれぞれのお弟子さんにしっくりきた。

という流れで生まれた詩だから、檄文に込められている意味だとか、どういうところがお弟子さんのイメージに合ってるのかって、私には答えられないの。

それを知ってる人がいるとしたら、この詩を私のところに降ろしてくれた神様だけだろうね。

はなゑ　私たちも、深い意味なんて気にしませんでした。というか、神のひらめきで生まれただけあって本当にかっこいい詩だから、そんな詩をいただけただけでうれしかったなぁ。

その後は、基本的に年に一度のパーティでお披露目する詩になっていたのですが、ここ10年くらいは檄文合戦はお休みしており、私たちもしばらく檄文のことは忘れていたんです。

それが昨年の初夏に、あるきっかけで久しぶりに読み返すこととなったわけです。

不思議と人生が激変するよ

はなゑ　20年も前に生まれたものが、なぜ今になってこんなに注目されているのか。

そのきっかけは、ある特約店（まるかんの商品を扱っているお店）さんに、うっちー（はなゑさんの会社である、オフィスはなゑの内ヶ崎敬彦店長）が遊びに行ったとき、金札に書かれた檄文が壁に貼られていたことに始まります。

これも20年近く前の話ですけど、純金のカードに檄文を印刷して配ったことがありました。そのお店では、ずっとそれを大切に持っていらっしゃったわけですね。

うっちーは金札を見たこともなかったし、檄文のこともよく知らなかったのですが、そこに書かれている詩があんまりかっこいいので、写真を撮って「こんなスゴいのがありました！」って私に送ってきてくれたの。

それで私も懐かしくなり、仕舞い込んでいた檄文の資料やグッズをいろいろ引っ張り出して、改めて8つの檄文を読み返したんです。

そうしたら、20年以上も前からあるとは思えないほど新鮮な印象です。これまで以上に強い波動のようなものも感じたので、「こんなにかっこいい詩なんだから、みなさんにお伝えしたら喜ばれるんじゃない？」となったんです。

そこから、檄文を大声で叫びまくる「檄文合戦」をオンラインで始めたところ、案の定、これがみんなにめちゃくちゃ刺さったんです。

一人　なぜ大勢の人を夢中にさせたのかと言うと、檄文を唱えた人はスカッとして気分がいいし、そのうえ不思議なことが次々と起きるんだよね。

これは、私もまったく想像していなかったことだけど。

はなゑ　そうなんです！　どんな変化があるのかは第5章で詳しくお伝えしますが、ひとことで言えば「人生が激変」する。もちろん、幸せな意味で、です。

今までどんなことをしても解決しなかった問題が、檄文を読み始めた途端にパッと解決した。自分の思い込みが壊され、驚くほど自由に生きられるようになった。そんな人が続出しているんです。

そしてさらに、多くの人が涙ながらに、「檄文で救われました」「檄文で魂が揺さぶられます」と言う。

こうしたみんなの反応を見て、思ったんです。

20年も前に生まれた詩が今になって脚光を浴びているのは、実は最初から、今この時代を生きる人たちのために作られた詩だったんじゃないかなと。

なぜ20年も寝かすことになったのかはわかりませんが、その長い月日も、きっと私たちに必要なものだったのでしょう。

一人　私は、檄文を「神ごと」だと思っているんです。

神ごとというのは人間の理屈でわかるようなものじゃない。でも、今ここにそれが存在してみんなに喜ばれているということは、神様が必要だと判断したからなんだよね。

そう考えると、「檄文を読み上げると胸のつかえが取れる」「勇気が出てきて、〝やるぞ！〟という気持ちになる」「自分らしく生きられるようになった」みたいな報告がどんどん寄せられていることも、すごく腑に落ちるんです。

檄文は先人たちへの愛と光の鎮魂歌だよ

はなゑ　檄文には、「血しぶき」「むこう傷」「骨は砕けて肉は飛び」みたいな強い言葉がたくさん出てきますので、初めはドキッとするかもしれません。

でもこれは、大義のために命がけで戦う人たちや、大切な人を失った人たちの魂の声というか、鎮魂の詩だから、まったく怖いものではないんです。
亡くなったかたの無念な気持ち、行き場のない想念などを浄化し、愛と光に変えるのがこの檄文です。

一人 そもそもこの詩は、戦による傷や、そこで流された血に注目して生まれたわけじゃないしね。かといって、鎮魂歌を作ろうとして生まれたものでもない。
なぜかこういう言葉がスルスルッと降りてきて、それをみんなが読み上げるようになったら、どうやら先人たちの魂の鎮魂歌になっているということがわかってきた。……という流れだから、言葉の強さに気を取られることはないんです。

はなゑ そんなつもりで作ったわけじゃないのに、ものすごい浄化の力がある。まさに、神の手によるものとしか思えませんね。
実は私の周りには、霊的なものが見えたり感じたりするかたが何人もいて、その人たちが口々に言うんです。

「檄文を読み上げていると、戦国時代の猛将たちの魂を感じ、浄化されていくのがわかります」

「傷を負った武将たちが、キラキラと光を放ちながら天に昇っていった！」

一人　はなゑちゃんが檄文合戦のときに雄叫(おたけ)びをあげていたら、やっぱりどこかの武将が出てきて、すごい光が出たと言ってたね。

はなゑ　私も檄文合戦によく参加するのですが、その日も、いつものように雄叫びをあげていたんです。すると、甲冑(かっちゅう)（兜(かぶと)や鎧(よろい)などの武具）を身につけた武士が、私のそばにスウッと浮かび上がるのが見えたという人がいて。オンラインでの檄文合戦ですから、パソコンやスマホのモニター越しですが、はっきりと見えたそうです。

やがて甲冑のすき間から目がくらみそうなまぶしい光が噴き出し、その光で全身がバラバラ～ッとほどけて、武士は宙に消えていったと言います。

一人　きっとその人は、本物の愛の光を見たんだね。

はなゑ　そう思います。檄文は間違いなく、鎮魂歌なんだ。命がけで戦った先人たちの思いや、さまよえる魂を浄化する詩なんだと強く感じたエピソードでした。

檄文合戦って、武将たちにとっては弔い合戦みたいなものらしく、私たちが檄文で雄叫びをあげていると、すごく喜んでくれるのだそうです。私たちと一緒に鎮魂の雄叫びをし、無念の思いを浄化させることができるんだとか。

そうやって出てきた武将たちは、やがて私たちの守護神となり、悪霊退散をしてくれたり、「自由に生きろ！」「思う存分、生きるんだ！」って幸せの後押しをしてくれたりするんです。

一人　鎮魂がうれしくて、武将たちが集まってくるんだろうね。そしてその武将たちが、闇をぶっ放す手助けをしてくれている。

武将っていうのは、義に厚い人たちだからね。大義のために戦った強さと同時に、大きな愛があるんだよ。

そんな強く深い愛に守られ、闇が切り裂かれるわけだから、スカッとするのは当たり前なの。出てきた問題にひるむことなく、バッサバッサと斬りまくっちゃう。

だから、**どんな悩みも解決するんです。**


はなゑ　ある人は、「檄文中、大武将から一人さんとはなゑさんにメッセージが届きました！」って知らせてくれて。

まずその人の目の前に家臣らしき武士が2人現れ、その奥に彼岸花が一面に咲き乱れたと思ったら、どこかの御館様（大武将）が姿を現して言ったそうです。

「再びこの地、高らかに産声を上げられる幸せ。

我らに息吹きをくださった。

全身全霊、この御魂をもって熱きおかたをお慕い申す」

すごくないですか!?　こんな言葉、その人も自分では絶対に思いつかないと言っていましたけど、私もこれは本当に武将の言葉だと思いますし、なんて素晴らしいメッセージをいただいたのかと大感動でした！

「真剣に生きたみなさまのおかげで、私たちは、今、本当に幸せに生きられます」

――こんな思いを先人の武将たちへ届けたくて、檄文を雄叫びしているんです。

心の詰まりが消えて癒やされるんだ

一人　日本語ってね、もともと大きなパワーがあるんです。

特に、天国言葉（自分も周りもうれしくなる言葉）みたいな明るくて楽しい言葉とか、時代を象徴するような言葉やなんかには、驚くほど高い波動が宿っている。

言葉自体がエネルギーの塊みたいな感じだから、ただ黙読するとか、小さい声で朗読のように読むだけとかでも力がもらえるんです。

そのなかでも、今、最強のエネルギーを持つのが檄文なんだよね。

なぜかと言うと、檄文は神様が、「今、この言葉が世の中に必要です」と授けてくれたものだから。そして実際に、檄文を読み上げた人たちに次々と奇跡が起きている。

それは檄文が神の詩であり、今この時代に必要な、強大な力を持っているということなんです。少なくとも、一人さんはそう思っています。

はなゑ　こんなに魂を浄化する言葉は、ほかにないでしょうね。

かつて戦で命果てた武将たちも含めて、この世に思いを残したまま亡くなったあらゆる魂が、檄文で浄化される。

それだけでなく、唱えている本人や聞いている人まで、心の詰まりみたいなものが消えたり、癒やされたりするのですから。

一人　私もはなゑちゃんも、これまで幸せになるためのいろんな方法をみんなに伝えてきたけど、この檄文はそのどれよりも早く、効果的に波動が高められるよね。

理屈じゃない。そういう力を持った、神の詩なんだよ。

はなゑ　それも、めちゃくちゃかっこよくて楽しい。

檄文を読み上げていると、浄化された魂たちが、「日本を明るくするために、ずっとお手伝いしたかった。それができてうれしい！」と喜ぶそうですが、こんな最高の言霊（ことだま）で光に変えてもらえたら、誰だってうれしいに決まっています。

檄文があれば、人助けはもちろん、霊助け、地球助けまでできる。

どんな低い波動でも、檄文があれば瞬時に明るい波動に変わっちゃいますね。

一人　しかも道具なんて必要ないから、身ひとつで、いつでもどこでも浄化できる。

こんなに手軽なのに、浄化された魂がみんな私たちの守護霊になってくれるって言うんだから、やらない方がもったいないよね。

自分否定の心が即座に変わるよ

一人　21世紀は、魂の時代なんです。自分で自分の道を楽しく切り開き、自由に生きてこそ幸せになるの。

ところが、自分の気持ちを飲み込んだり、嫌なことを我慢し続けたりと、自由に生きていない人がまだまだ多い。心のなかにゴミみたいな重いものを溜め込んで、世間体や周りの顔色ばかり気にして鬱々としているんだよね。

自由に生きることで幸せになる時代なのに、真逆を行っちゃってるんです。

そういう人たちも、そろそろ自分の殻を壊さなきゃいけないよね。だって、自由が当たり前の時代が来たんだから。

と思うと、今このタイミングで檄文がブームになったのも頷けるんじゃないかな。

はなゑ　檄文を読み上げると、先人たちの強い思いに背中を押され、我慢してきたこと、ゆるせないこと、溜め込んできた自分の気持ちが思いっきり吐き出せます。
檄文には強烈な「圧」があるから、それこそ何十年と溜め込んできたものが、水門を開くがごとくドバーッて（笑）。全部吐き出されちゃって、悩んでいたことなんかどこかに消え去るんです。

実際にみんな、檄文のあとには別人級にキラキラした表情になりますね。すごい爽快感と、スッキリした後の、なんとも言えない穏やかな表情がミックスした感じ。

一人　人には、「ダメの壁」っていうのがあるんです。自分はダメだと思い込んでいる、自分否定の心を指す言葉なんだけどね。

ダメの壁があると、何かにつけ、その壁が邪魔するんだよ。前に進もうとしても壁が阻み、「どうせ私はダメだから」ってなる。何かの拍子に光が見えても、また壁にぶつかって、「やっぱり私はダメなんだ」と幸せをあきらめる。

そんなんで人生が切り拓かれるわけがないよね。ダメの壁をぶち壊さなきゃ、人生は始まらないんです。

ただ、人によってはこの壁がなかなかのクセ者でね。優しい言葉では、跳ね返されちゃうの。

だから檄文なんだよね。檄文のすさまじいパワーをもってすれば、どんなにぶ厚い壁でも、一撃にして破壊しちゃうんだよ。

自分の殻が吹き飛んで、新しい自分が出てくる。

はなゑ 言葉で「自分の殻を破りな」「波動を上げるんだよ」と説明されても、なかなかピンとこない人もいると思います。理屈ではわかっても、実際にどうすれば殻が破れるのか、波動が上がるのかわからない人って多いんですよ。

かといって、人に檄を飛ばされるのは嫌だよね。そういうの、強制されてる感じがしてムカつくでしょう?(笑)

その点、檄文は自分で檄を飛ばし、自分で殻を打ち破る。これは気持ちいいですよ。「自分の力で変わったんだ!」っていう実感がすごい。

私は今まで、みんなに「いつでも軽やかに生きて欲しい」という思いで、講演会やワークショップを開催しては、心のモヤモヤを吐き出す方法や、癒やしのメソッドなどをいろいろお伝えしてきました。

だからこそわかるのですが、檄文は最強です。もちろん、これまでお伝えしてきたどれもが効果的でしたが、檄文はそれらをはるかに凌駕(りょうが)するパワーがある。

檄文を読み上げていると、我慢することを我慢できなくなるんです。自分で「我慢をやめよう」などと意識しなくても、自然に我慢から解放されます。

一人　我慢しなくなれば、スッキリするしかない。で、スッキリ生きられるようになったときに、真の幸せがやって来るんだよね。

そういう人が増えてくれれば、日本だって世界だってますます明るくなる。

一人さんは、檄文がこれからの明るい未来を作ると信じているんだ。

「本当の自分」で生きられるようになる

はなゑ　自分の殻が破れて明るい波動になると、言いたいことが言えるようになるし、勇気が湧いてくる。ずっと悩んでいたことがどうでもよくなり、自分の思う通りに生きられます。

義務的な「ねばならない」ではなく、そのままの自分、本当の自分でいられます。

一人　檄文で強い気持ちになってくると、自分らしく生きること、人生を楽しみ尽くすことの大切さに気づくんだよ。

人はみんないつか死ぬ。誰もが、限られた時間を生きているんです。

あとどのくらい寿命が残されているかはわからないけど、せっかくこの世に生まれてきたのなら、幸せになりたいよね。というか、そもそも私たちはあの世にいるときに、「今世（こんせ）、思いきり楽しんできます」と神様に約束してきているから、苦しみながら生きていると、ものすごい違和感があるはずなの。

魂には「幸せになる」というゴールがインプットされているのに、それを真逆の方向へ進んでいると、とんでもなく嫌なことばかり起きて、不快感の連続なんだよね。

じゃあどうしたら人生楽しめるんですかって、人の言いなりになんかなってちゃダメなの。言いたいことを言って、我慢しない。

檄文を唱えていると、それが簡単にできるようになるんです。檄文で強い波動になれば、嫌なやつがいたって、そんなの目じゃなくなるよ。

はなゑ　小さなことにいちいち悩んでる暇はない。目の前の問題なんかさっさと片づけて、思う存分この世を楽しむぞ。とことん、自分らしく生きるぞって。
檄文を読んでいると、自然にそんな気持ちになりますね。

一人　人は多かれ少なかれ、誰にも言えない悩みだったり、人に理解してもらえない問題を抱えていたりすると思います。

それが自分の殻となり、ダメの壁となり、人生を邪魔するんだよね。

だけど檄文から強い波動をもらうと、本当にそういうのがどうでもよくなってくるんです。今までずっと深刻な問題だと思い込んでいたことが、急に、「あれ？ たいしたことないな」ってなるんだよ。

つきものが取れたみたく、身軽になるの。

はなゑ　結局、自分がどう思うかです。同じことでもまったく問題だと思わない人もいれば、生きているのがつらくなるほど悩む人もいるのは、それぞれの思いが違うからなんですよね。

檄文を始めた多くの人が、こう言うんです。

「強い武将に〝絶対、だいじょうぶだから前に進め〟と守られているような気がして、何か問題が起きても以前のようにあせることがなく、たいしたことないと思えます」

「困ったときは自然と〝こういうとき、一人さんだったらどうするかな？〟って冷静に考えられるようになりました」

檄文には、日ごろの行動の指針だとか、心のあり方だとか、そういった細かいことが示されているわけではありません。でも、檄文の持つ強い波動がそのまま自分に入ってきて、それが太い支柱のように自分を支えてくれるんですよね。

目の前の出来事にいちいち振り回されないで、なんでも軽く考えられる「一人さん脳」になりやすいみたい。

一人　今までだったら、挑戦してみたいことがあっても不安になったり、なかなか勇気が出ず二の足を踏んだりしていた人が、檄文を読み出すと「波乱万丈(はらんばんじょう)どんと来い！」っていう気持ちになって、晴れやかに一歩踏み出せたりさ。
　みんな、すごいスピードで魂が成長している。これが檄文の底力なんだ。

心からゴミが出て愛で満たされるよ

一人　ためになる話って、世の中にいっぱいあるんです。どの話も素晴らしいの。

ところが、いい話を聞いてもなぜかよくならない人がいます。それはなぜかと言うと、いい話を聞いても、ただ聞いて終わりにしちゃってるからなんです。

いい話というのは、聞いたら即行動に移さなきゃいけないの。聞きっぱなしで何もしないでいると、すぐに元の自分に戻っちゃうんだよね。

　私は聞きっぱなしではないという人でも、もしあなたが満たされない感覚を持っているんだとしたら、それはやっぱりうまく行動できていないんだと思います。

どんなにいい話を聞いても、それだと宝の持ち腐れなんだよ。

はなゑ　たとえば一人さんの「嫌になったらやめるんだよ」「好きなことをして楽しみな」といった教えなんかでも、さんざん学んで頭ではよく理解しているのに、実際にはそれを日常生活に活かせない人がいるんです。

周りの目を気にして自分の気持ちにフタをしたり、嫌な相手なのに無理して会ったり。自分さえ辛抱すれば丸く収まるからって、我慢してしまう人がいる。

私もずっと、そういう人が自分らしく生きられる方法を考え続けてきましたけど、檄文の力をもってすれば、こうした問題もあっさり解決することがわかりました。

一人　ためになる話を吸収しようと思うと、まず心のなかに溜まっているゴミを捨てなきゃダメなんだよね。せっかくきれいな花があっても、ゴミがいっぱいで、それを飾る場所がないんじゃしょうがないでしょ？　それと同じなの。

檄文にはね、「悪いものを出して、いいものを入れる」というのがセットで得られる力があるんです。檄文を読み上げるだけでゴミがじゃんじゃん吐き出され、空いた空間が愛で満たされる。

これが同時にできるから効果が出るのも早いし、奇跡みたいなことがバンバン起きるわけです。

はなゑ 今までいろんなことをやってきて、それなりに心の汚れが取れたと思っていた人でも、檄文を読み上げると、「まだ私のなかにこんなモヤモヤが残ってたの!?」と驚くほど、心のデトックス（毒出し）ができます。そうすると、味わったことのない晴れやかな気持ちになるんですよね。

そのことがよくわかる、ある女性からのご報告があります。

「私は、両親から異常なまでに厳しく育てられました。失敗したり泣いたりすると、母からは平手打ち、父には押し入れに閉じ込められるという子ども時代だったのです。

幸い、一人さんやはなゑさんに出会えたことで、つらい記憶も笑い飛ばせるまでに浄化されました。

ところが、檄文合戦に参加するようになって、急に幼い頃のつらい記憶がよみがえるように……。ある日などは入浴中にたまらず〝お父さん、ここから出して！〟と泣き叫んでしまうほどでした。

こうした現象に初めは驚きましたが、すぐに〝まだ根っこに残っていた傷が、檄文のおかげで浄化されているんだ〟とわかり、今は檄文を読み上げるたびに強く、軽やかになっていく自分を感じています」

一人 檄文って、何をしても取れなかったものが浄化されるんだよね。

ただし、全員がこれでうまくいくと言っているわけじゃないよ。なかには檄文が合わない人もいると思うし、そういう人は別の方法を見つけたらいいだけのことです。

一人さんはね、心を軽くする方法、波動を上げる手段を、1つでもたくさん持っていた方がいいと思うから、こうしていろんなことをみんなにお伝えしているの。

そのなかで自分が楽しめるものを取り入れてくれたらいいし、もし一人さんの教えがどれもしっくりこないのなら、ほかの人の教えを学んだらいいんです。

あなたにとっていちばんいいものを選ぶのが、あなたの正解だからね。

いい人が悪いやつに負けちゃダメなんだ

はなゑ 一人さんの教えを学ぶ人って、真面目で優しい人ばかりです。それはとてもいいことなんだけど、なかには、いい人すぎて自分を犠牲にしがちな人もいるんです。

自分のことは後回しで人に尽くしたり、一歩引いてグッとこらえる癖がついちゃってたりして、なかなか言いたいことが言えない。

それって一見、愛のある正しい行動のように思われるかもしれないけど、自分を犠牲にするのは愛じゃないですね。

一人　その通りだよ。それをやっちゃってると、仕事でもプライベートでも人からなめられちゃうの。嫌なことを押しつけられても泣き寝入りするとか、人間関係で理不尽な目に遭いやすいんだよね。

だから、嫌なことはビシッと断らなきゃいけない。それは自分を守るためでもあるけど、一方で、相手を「嫌なやつ」にしないことにもつながる。

我慢しないことの方が、実は愛なんです。

そもそも、いい人が嫌なやつに負けてちゃダメだよ。意地悪なやつに、優しい人が苦しめられたり、自分らしく生きることを邪魔されたりしてちゃいけないんだ。

はなゑ　つまり、「我慢しちゃいけない」「なめられちゃいけない」ってことですね。こういう人こそ、檄文が効果的ですね。

一人　檄文は、ただ読むだけで勝手に強い波動になるからね。そうすると、嫌なやつを寄せつけなくなる。どんな相手も、檄文には太刀打ちできないんです。

あのね、会社の理不尽な上司とか嫌味なお局様みたいなのってさ、その本人が幸せじゃないんだよな。人の悪口や愚痴、泣きごとばかりで、心のなかがヘドロみたいな汚れでいっぱいなの。だから嫌なやつになっちゃうんだよね。

弱い者いじめするなんて、所詮、たいしたやつじゃない。そう思いな。


はなゑ　そう！　嫌な人ってすごくちっちゃいし、弱い。どんなに偉そうに威張っていても、実際はちっとも強くなんてないの。ごめんなさいだけど、雑魚です（笑）。

優しい人は光の存在であり、精霊です。その反対に、意地の悪い人には悪霊がついている。

悪霊がくっついているから嫌な人になっちゃっているだけで、檄文で悪霊退散してあげたら、相手も助かるんですよね。

一人　本当は、どんな人の魂も愛を欲しがっている。誰だって、嫌なやつだと思われたくないの。

だけど小さいときからいろんな抑圧を受け、間違った観念を植えつけられたことで、知らず知らずのうちに悪霊を呼び寄せてしまった。

生まれつき嫌なやつだったわけじゃないから、はなゑちゃんの言うように、檄文で浄化してあげたらいいいんです。

はなゑ　悪霊が抜けて本来の優しい人に戻れたら、本人もすごく楽に生きられるようになるでしょうね。

そういえば、体験談のなかにすごく面白いのがあって。

「理不尽な上司に意見したら、〝上司に逆らうのか！〟ってつぶしにきたので、〝あんたなんか上司だと思ってねぇよ！〟と言ってやりました」

めちゃくちゃ痛快でしょ？（笑）　仲間たちもみんな、「最高！」って拍手喝采。

もちろんこれは相手が嫌な上司で、ずっと不愉快な思いをさせられてきたという背景があってのことだけど。こういう相手には、ガツンと言っていいですね。

一人　心がスカッとしてくると、スカッとした言葉が口から出てくるんだよな。

ただ、言い返せない人がダメなわけじゃないよ。言い返すことができなくても、波動が強くなりさえすればいいの。

さっきの人みたく上司にモノ申せなくたって、檄文で気持ちが強くなれば、あなたから強い圧が出る。それだけで相手になめられなくなるんです。

嫌なやつに負けないように。そして嫌なやつをいい人に戻してあげるために、大いに檄文を活用してください。

第2章

優しく愛のあふれる魂に変わるよ

斎藤一人×舛岡はなゑ

大和魂に込められた「究極のゆるし」

舛岡はなゑ（以下、**はなゑ**）　さまざまな体験談を通じ、檄文は、戦に命をかけた武将たちの熱い思いに共鳴することがわかりました。そして、浮かばれない魂を浄化する強いパワーもある。

檄文には大和魂（やまとだましい）が色濃く投影されていて、そこには「究極のゆるし」という意味もあるのではないかと、私は読み取っています。

斎藤一人（以下、**一人**）　これだけあちこちで武将が見える人がいるってことは、檄文の波動の強さは、やっぱり大和魂によるところがあるんだろうね。

じゃあ大和魂って何かと言えば、辞書には「豊かな感受性や誠実性」「思いやりの心」みたいなことを指す言葉として紹介されているわけだけど、要は古くから日本人が大切にしてきた、愛の精神、心意気みたいなものを意味するんです。

外国やなんかでは、「自分は自分、人は人」で自分と人との境界線がピシッと引かれてるイメージだけど、日本では、自分と同じようにほかの人のことも大切にする。人情に篤いんだよ。

はなゑ　だから日本では、自分と利害関係が一致しないからと言って、なんでもかんでも敵視するわけではありません。

大和魂の戦には、「この相手が、たまたま敵だった」みたいな感覚がある。相手が勇ましい戦いぶりであれば「敵もあっぱれ」と認めるし、道理にも反しません。

たとえば決闘のとき、日本刀を構えながらにらみ合う場面があります。

そのときにちょっと着物の紐がほどけたりすると、相手は紐を結び直す時間をくれる。不利な状況に乗じて切り込んだりせず、フェアに戦うわけです。

卑怯なことはしない、潔さがあるのが大和魂ですね。

一人　言ってみれば、敵も味方も思いは同じなの。たまたま今回は敵になったけれど、仕える御館様（君主）が同じだったら敵として戦うことはなかった。環境が違えば、力を合わせて戦う仲間になれるんです。

それは、同じ大和魂を共通して持っているからだよね。

戦であっても、そこに愛がある。

義のために戦いはするけど、根底では相手へのゆるしがあるから、敵の命を奪いながらも、「惜しい人物を失った」と悲しんだりするの。人間的には、相手のことを深く敬っているんだよね。

矛盾しているようだけど、日本人には理解できる感覚なんです。

はなゑ　8つの檄文にしても、多分、かつては敵同士だった隊もあると思います。だけど、不思議なほどに統一感があるんです。

それはやっぱり、大和魂というつながりがあるからでしょうね。

究極の愛、究極のゆるしがあるから、檄文は最高の鎮魂歌となりえるのだと思います。そして檄文がこんなにかっこいいのも、強く美しい大和魂の波動が込められているからですね！

恐怖の波動じゃない、愛の波動だよ

はなゑ　前章でも少し触れましたが、檄文には迫力のある強い言葉が並んでいるので、初めはそれにひるんで共感できなかったり、怖くなったりする人もいます。

確かに一つひとつの言葉を見ると、ふだん言わないような表現ばかりで、その感覚は私もわかる気がするんです。死を覚悟した武士の詩だから、やっぱりすごく強い圧を感じるわけですよ。

でも檄文が自分助け、霊助け、地球助けの、究極の愛の詩であることを知ると、みんな少しも怖がらなくなりますね。

本気で生き抜いた先人の思いを代弁し、叫ぶことで自分の壁がぶち破られる。そんな詩だから、怖がることはないとわかるんです。

そしてみんな、檄文の強さ、優しさにすっかり魅了されます。

一人　言葉だけ見ると、狂気すら感じる特殊な表現かもしれない。でもね、そこにあるのは決して凶暴な波動なんかじゃないよ。

檄文はすごく強いけど、それと同じくらい愛のある優しい波動なんです。

実際に檄文合戦のときなんて、大勢の人が次々と雄叫び（おたけび）をあげるなか、動物や赤ちゃんがスヤスヤ眠るんだそうです。

動物や赤ちゃんっていろんな感覚が人間の大人よりも敏感なはずなのに、どんなに大声で檄文を読み上げてもリラックスして起きない。

檄文の波動が優しい証拠だよね。

はなゑ　飼い主さんが雄叫びをあげていると、ペットの猫ちゃんがゴロゴロ喉を鳴らしながらすり寄ってきて、気がついたらグッスリ眠ってるんですって（笑）。ほかの人の雄叫びにも、怖がるどころか安心しきってるの。

あと、檄文合戦には天使ちゃん（障がいを持った子ども）も参加してくれますが、いつもすっごくご機嫌で。
檄文の波動が、最高に心地いいんでしょうね。

一人　檄文を聞く人（動物）もそうだけど、読み上げてる本人も、雄叫びを終えると優しい気持ちになるの。全力で叫んでいたときの激しさがウソみたいに、穏やかなあったかい感情でいっぱいになる。

檄文にはあれだけの強い言葉が並んでいるのに、癒やしと浄化の効果がすごいんだよね。恐怖の波動じゃなくて、愛の波動、安心の波動なんです。

ということがわかれば、これから檄文を読んでみようって人も、過剰に怖がらずに済むんじゃないかな。

過去世の記憶が蘇ってくるんだ

はなゑ　これも先ほどの話に通じるのですが、檄文を読み上げていると、戦の場面が頭に浮かんだり、血を流している人がイメージのなかに出てきたりする人がいます。

一人　それは多分、自分の記憶のなかにあるものが反応しているんだろうね。

人の肉体はいつか死を迎えるけど、魂は永遠に消滅することはなくて、何百回、何千回と生まれ変わっている。と一人さんは考えているんです。

それを前提で言うと、ほとんどの人は、武将だとかその家族だとか、過去世のどこかで戦を経験したことがあるんじゃないかな。そのときの記憶が魂に刻まれていて、檄文を読むことによって、過去世での感覚が蘇（よみがえ）るんだと思います。

はなゑ　昔から、たくさんの人が戦で亡くなっていますからね。戦国時代に限った話ではなく、もっと古い時代にも戦はあったし、近代に入ってからの戦争もそう。

日本だけでなく、世界中でひっきりなしに戦があったことを考えると、過去世で戦に関わる体験をしていない方が珍しいかもしれませんね。

今世（こんせ）は日本人として生まれたけど、過去世では別の国に生まれていた可能性もあるわけだから。

一人　そうだね。で、そのときの記憶が浄化しきれないまま、今世の自分に生まれ変わっていれば、それはやっぱり檄文に反応すると思うよ。

あと、戦に限らず自然災害などで命を落とした人も無数にいるでしょ？　そういう記憶も檄文で浄化されるから、一時的に、傷を負っている人の姿がフラッシュバックするということがあるのかもしれない。

はなゑ　でも浄化された後は、肩の荷を下ろしたようにスッキリして、残るのは愛と光だけ。恐怖心とか不安みたいなものはありません。

愛のある強さ、熱い思いが檄文に重なって、「今世、生き切るぞ！」ってめちゃくちゃ燃えますよ。

檄文は魂にとって最高のご馳走

一人　檄文には、1つも弱気な言葉がありません。一生のうちにこれだけ強気の言葉を口に出すことなんて、ほとんどの人はないと思います。

でも、それを読み上げると、劇的に波動が強くなるんだよね。

しかも、ただ強いだけじゃない。愛のある強さなの。

だから、初めはちょっと怖いなと感じても、やり出すとハマっちゃいます。

ダメの壁が壊されて圧が高まると、人に言わされるんじゃなくて、自分が言いたくてしょうがなくなるんです。

はなゑ　ほんとそう。檄文を読んでいると生命力がドカンと高まって、オーラが強く、大きくなるのがわかるんです。

自分の波動がグッと押し上げられる感覚もありますし、人の檄文を聞くだけでも、場の空気感がすごく変わるのを感じますね。
こういう感覚ってほかでは得られないので、いちど体験したらやみつきですよ(笑)。

一人　目に見えるものじゃないから、やった人にしかわからないことだけど、気弱な人はたちまち強くなるし、優しい人はますます愛が深まる。
ただ檄文を読み上げるだけで、そういう波動になるんだ。

はなゑ　檄文合戦では、声を張って檄文を読み上げます。もちろん、それぞれが出せる範囲内で、無理のない雄叫びです。
それで自分やほかの人の雄叫びを聞いていると、魂が揺さぶられて涙が止まらなくなるんです。

一人　檄文には強い文言が並んでいるわけだから、普通に考えると、それを読み上げたら弱い人が強くなると思うでしょ？　もちろん強くもなるんだけど、それだけじゃない。

檄文を唱えていると、優しくなって愛があふれるの。なぜかと言うと、檄文は愛と光の塊だからです。

魂にとって、檄文はいわば最高のご馳走なんだよね。だから檄文に魂が反応するのは当たり前のことだし、その涙は、魂が喜んでいる証なんだ。

はなゑ　本当の強さって、そこに必ず愛がありますからね。

そう言えば昔、一人さんと出会った頃に言われたことがあります。

刃物はさやにしまっときな、って。

ここでの刃物は「気の強さ」を意味するのですが、確かに私って、ちょっと「喧嘩上等！」みたいな気質があるから（笑）。といっても腕力もないし、実際に喧嘩することはないんですけどね。

それで何が言いたいのかっていうと、一人さんにもらった言葉の意味が、最近すごくよくわかるようになったんです。

本当は鋭い刀を持っているけど、ふだんはさやにしまっておき、絶対に振り回さない。でも、自分を傷つける相手が出てきたときや、大切な人を守るためだったら、いつでも刀を取り出せるぞって。

刀を持っているだけで強い圧が出るから、結局、刀を使う場面はないのよね。

一人　やみくもに刀を振り回したって、自分も人も傷つけるだけだからね。そんなのは本当の強さじゃないんです。

かといって、刀を持たず丸腰でいるのもよくない。刀を持ってないことを見破られると、相手はなめてくるから。

いちばんいいのは、刀を持っていながら、それを使わないことなんです。

つまり、優しくありながら、強い圧を出せばいい。

優しさと圧をあわせ持っていると、愛のある人は集まるけど、嫌なやつは自然と近寄ってこなくなるの。だからそもそもトラブルが起きにくくなる。

はなゑちゃんの言うように、刀を取り出す場面自体がなくなるんだ。

かっこいいものは誰がやってもかっこいい

はなゑ　檄文合戦には、聴覚障がいのあるかたや、重度の自閉症を持って生まれた子なども参加しています。

たとえば聴覚障がいのある加藤真由美(かとうまゆみ)さんという女性は、手話で檄文合戦に挑んでいますが、これが最高にかっこいい！　みんなが手話檄文を覚えたいと言うので、YouTubeに解説動画（※）を上げてくださり、今、手話檄文を楽しむ人がすごく増えています。

また自閉症の男の子は、８つの檄文を完璧に暗記しています。流暢(りゅうちょう)に読むことはできませんが、魂の深いところに響く、素晴らしい檄文なんです。

一人　これはヘンな意味で言うわけじゃないから、勘違いしないでもらいたいんだけど、障がいのある人の檄文だからって特別なわけじゃないの。

檄文は誰が読み上げても最高の波動が出るし、みんな特別なんだよね。

障がいのある人にも、あなたにも、それぞれのよさがある。手話で読み上げようが、雄叫びをあげようが、小さな声でつぶやこうが、どれも同じなの。

口で読み上げてかっこいいものは、手話だろうがなんだろうがかっこいいんです。

そもそも、手話は言葉が目に見えるように形になったものでしょ？　口で読み上げるのと同じ言霊が宿るんだよね。という意味では、手話だから言霊が強いとか弱いとか、そういうのもない。

はなゑ　確かに、その通りですね。誰のどんな檄文も、やっぱり感動だもの。

手話の檄文は演舞な感じがして独特の味わいがあるし、障がいを持つ子が魂を込めて披露してくれる檄文にも、その子にしか出せない最高の波動がある。

でも、それと同じように、みんなの雄叫びにもそれぞれオリジナル性があって、誰のどんな檄文にも魂が震えます。

一人　だろ？　ただ、一人さんが本当にうれしいのは、耳が聞こえなくても、障がいがあっても、檄文をやりたくなるんだなぁってことなの。

きっと障がいのある人は私たち以上に波動に敏感で、檄文の持つエネルギーを強く感じているんだね。それでもここまで「かっこいい！」「楽しい！」って夢中になってくれるのはうれしいし、感動で涙が出ちゃうよね。

檄文には、まだまだ一人さんにはわからない秘められた力があるのかもしれません。

（※）加藤真由美さんの手話檄文・解説動画

手話檄文はとても楽しいので、ぜひみなさんも挑戦してみてください。

女性の祖先はやっぱりゴリラだった⁉（笑）

一人　正直言って一人さんは、この檄文がこれほど多くの人に喜ばれるものだと思ってなかったんです。

うちは女性がすごく多いから、檄文みたく激しい言葉を使ったものはみんな嫌がるだろうな、受け入れられないだろうなって。勝手にそう解釈して、ずっと公開してこなかったんです。

だけど今思うと、こんなすごいものを20年も前に神様から預かってたんだよ。私は人生で後悔したことなんかないけど、今回ばかりは、もっと早くに表に出した方がよかったかもしれないなぁって思うところもあるね。

はなゑ　一人さんがそんなことを言うなんて、みんなびっくりしちゃいますね（笑）。だけど私も一人さんと同じで、今の状況はすごく意外だったなぁ。だって、男性以上に女性が熱狂しているんだもの（笑）。

女性たちの雄叫びたるや、それこそ戦国武将も顔負けの猛々しさなんです。「男性みたいにドスをきかせて叫ぶぞ！」って。まぁ、私もその1人ですが（笑）。

一人　女性だってさ、雄叫びをあげたいんだよな。大絶叫して、発散したいんだよ。

はなゑ　そうなんです。肉体的には男性や女性といった区別がついていますが、魂には男性も女性もありませんからね。

力強い女性の雄叫びを聞くと、それを実感します。

一人　というか、やっぱり女性の祖先はゴリラなんだよ（笑）。

一人さんは昔から「男はサルから進化した」「女性はサルなんかよりずっと強い、ゴリラから進化した」という自論を持っているんだけど（もちろん冗談ですよ）、檄文合戦を見ると、それが証明されてる気がするね（笑）。

はなゑ　言えてる〜。そう思うと女性の雄叫びは、単にその本領を発揮してるだけかも（笑）。

一人　そうやってみんなが自主的に楽しく取り組んでくれるんだから、やっぱり檄文には人の心をつかんで離さない魅力があるんだね。

今までは、悩んでる人がいると、一人さんがいちいち、「そういうときは、こう考えたらいいよ」「こうやってごらん」みたいな細かいアドバイスをしてきた。人それぞれ違う人生だし、悩みも違うから、1つひとつにお答えするしかなかったんです。

しかも、いくらアドバイスをしても次々にいろんな問題が起きるから、1回答えたら終わりってわけじゃない。

だけど私の体は1つしかないから、すべての悩みに寄り添うことはできません。

その点、檄文は本人が読み上げるだけで勝手に問題が解決していく。私が細かくアドバイスする必要もないから、誰もが等しく幸せになるチャンスがもらえるってことだよね。

たった1人の行動が100人の波動を変えるよ

一人　これも不思議な話なので、信じられる人だけが信じてくれたらいいんだけど。

檄文が盛り上がり始めた頃に、あるメッセージが降りてきたんです。

「100人に1人がやればいい」

この言葉に、当初、一人さんは「そうか、俺を気楽にするために神様がこう言ってくれているんだな」と解釈したんだよね。

だけどしばらくして、自分が意味を取り違えていることに気づいたの。

神様が言いたかったのは、こういうことなんです。

100人のうち1人が檄文をすれば、その人の波動で100人が影響されるよって。

はなゑ　１人が檄文を読み上げることで、１００人の波動が変わる。また別の人が檄文に挑戦したら、さらに１００人の波動がよくなる。

いい波動が波紋のように広がって、最後はこの地球上の全員が幸せになりますね。

一人　だから、一人さんは最近、初陣（ういじん）（新しく檄文合戦に参加する人のこと）が入ってくると、「この1人が、これから100人の波動を変えるんだなぁ」って感動でさ。うれしくて涙ぐんじゃうこともあるんです。

でね、1人入れば100人入るのと同じだから、無理してまでみんなに檄文をお勧めする必要もないの。この本にしてもさ、読んだ人の100人に1人が檄文に挑戦してくれたら、それでじゅうぶんなんだ。

はなゑ　いろんな人からの体験談で、「奥さんが楽しそうに檄文を読み上げていたら、それを見た旦那さんもやり始めた」「お母さんの影響で、子どもが一緒に檄文合戦に参加するようになった」みたいなケースがけっこうあるんです。

何気なくYouTubeで檄文合戦を見て（※）、ちょっと１回唱えてみたらどハマりしたという人もいます。

今私のグループだけで、１日の檄文合戦に１００人以上が参加されますから、そうすると１万人の波動は軽く変わってくるわけですね。これはすごい！

一人　それも、人の波動を無理に変えようとしなくていいんだよ。ああだこうだと七面倒くさいことを考えなくたって、ただ自分が楽しく檄文を読み上げているだけで、１人当たり１００人の波動が変わる。

自分の檄文が、いつの間にか周りの１００人に影響を与えて、みんなそれぞれ勝手によくなっていくんです。

という意味では、たとえば小さな会社にいる人だったら、嫌なお局様が勝手に変わるとかそんなレベルじゃない。あなたが１人檄文をやるだけで、会社全体の雰囲気までよくなっちゃうの。

従業員が１００人程度の会社だったら、あなた１人でたやすく変えられる。信じられないでしょ？　でも、本当なんです。

だから今、せっかくこの本を読んでくれたのなら、小さい声でもいいから激文を読んでみな。今までみたいに、誰か1人のために右往左往するようなもんじゃない。

あなた1人の力で、100人の波動が変えられるんだ。


（※）はなゑ隊の檄文合戦はすべてYouTubeに残されていますので、チェックしてみてくださいね。

第3章

自分の殻が破れて新しい人生が始まるんだ

斎藤一人 × 舛岡はなゑ

本気で遊ぶから楽しいんです

舛岡はなゑ（以下、**はなゑ**） 檄文合戦がスタートしたのは2022年7月4日ですが、始まって1カ月も経たないうちに参加者は3倍ほどに増えました。
誰も強制していないのに、楽しくて気分がいいので、学生サークルみたいに「私もやりたい！」って勝手に増えていくんです。

斎藤一人（以下、**一人**） なんでも面白くないと、やる気って出ないものだからね。最初はよくても、楽しくなきゃすぐ飽きちゃうしさ。

こういうのが苦手な人には、「いい大人がこんなことして、なんになるの？」とか思われるかもしれません。でもこれって、単なる楽しい遊びだからね。真面目や立派なんて求めてないの。

くだらないことを、自分でも笑っちゃうくらい真剣にやるのが楽しいんだよな。

狂気（？）の本気で遊ぶから清々しいし、楽しいんです。
考えてみなよ。大人になってこんなに真剣に遊ぶことってあるかい？

はなゑ　普通に考えたらありえないですよね。毎日のように100人規模で集まって、全力で遊ぶ会社（笑）。そんなの、どこを探してもないと思います。しかも、これだけの大人数なのに、すごい団結感がある。みんなで一丸となって楽しんでいる。参加費も無料ですから、経済的な負担だってないし。

一人　これは、うちの会社がボランティアでやってることだからね。だけどボランティアだからって手を抜くわけじゃない。
私たちは、遊びを真剣にする集まりなの。真剣な遊びに血が騒ぐんだね（笑）。

はなゑ　今まで一人さんが教えてくれた数々の遊びも、どれも簡単で楽しかったけれど、やっぱり檄文は格別のものがあります。

楽しさも、その後で自分や周りに起きる変化も、全部過去イチ！　すっごく燃えます。狂気の本気って、めちゃくちゃ熱くなるんですね。

人に強制されるのは嫌だけど、自分からやってみたいと思った遊びは、本気でやればやるほど楽しい。

一人　みんなが雄叫(おたけ)びをあげてる檄文合戦のYouTubeもさ、そういう楽しい波動がガンガン出てるの。だからこっちまで楽しくなって、1日に何回見ても飽きないね。

檄文には、本当に不思議な力があります。

だから、今、心が苦しい人は読み上げてみたらいいよ。檄文合戦のYouTubeを見てごらん。きっと、心が楽になるからね。

小さい声でもいいし、黙読でもいいよ

一人　檄文合戦では多くの人が大声で叫ぶんだけど、だからといって全員が全員、

雄叫びをあげるわけじゃない。雄叫びができなくてもいいし、小さい声で朗読みたく読み上げるだけでもいいの。

人前で言葉を発するだけで、ドキドキする人っているんです。今まで大声なんか出したことがない人は、出そうと思っても声が出ないの。

だから、今、自分ができる範囲内でいい。というか**無理しちゃダメ**なんです。

これは、檄文合戦に参加しない場合でも同じです。

檄文は言霊(ことだま)だから、ただ読むだけでも波動は変わります。実際に、小さい声で読んでいる人にもいろんな奇跡が起きるんだよね。

檄文を読み上げると、それだけで気持ちがいいから、まずはセリフだと思って唱えてみたらいいよ。いきなり雄叫びをあげようとか考えなくていいからね。

はなゑ　その通りです。でもたいていの場合、自分の殻が破れていくにつれ、声も自然と大きくなってきます。

檄文合戦でも、最初は「私は見てるだけでいい」「大声はちょっと無理です」と言っていた人が、フタを開けてみたらびっくりするような大声で叫んだりするの（笑）。みんなの雄叫びを見ていると、自分も挑戦してみたいってムズムズしてくるみたい（笑）。

そして雄叫びをあげてみると、それはそれでモヤモヤしたものが発散されて気持ちいい。大声を出すと気持ちいいから、どんどん声が出るようになります。

一人　平均台の上を歩くときってさ、床から少し高いでしょ？　床に置いてある板の上なら恐怖心なしに歩けるけど、ちょっと高い位置にあるとドキドキするじゃない。

それと同じで、初めてのことはなんだって緊張するんだよ。

檄文も、最初はつぶやくだけで平均台の上を歩く感覚かもしれないけど、慣れるにつれ声が出てくる。ちょっとずつ、上に行けるの。

だから、人と比べて「私はまだ声が出ない……」なんて思わなくていい。

檄文の正解は、自分のできる範囲内で楽しむことだからね。

はなゑ　初めは黙読でもいいし、家事や仕事をしながら、ＢＧＭのようにYouTubeで檄文合戦の動画を流すだけでもかまいません。それだけでも、ちゃんと波動は上がるので。

ちょっとずつ、薄皮をはがすように自分の殻が破れていけばいい。そのうちに、自分でも驚くようなことができるようになりますよ！

雄叫びで自分の殻を破るんだ

はなゑ　檄文は、黙読でも小声で読み上げるだけでもいい。それは大前提なのですが、じゃあ多くの人が雄叫びをあげるのはどうしてですかって言うと、それはそれで得られるものがあるからなんですよね。

大声を出すのって、やっぱり気分がいい。

挨拶でも、ボソボソ声より、大きな声で「おはようございます！」って言われると気持ちいいでしょう？　素敵だなぁって思います。

　しかも檄文は、言葉自体がかっこいいから、声を張ることでそのかっこよさが倍増するんですよね。


一人　人間っていうのはね、かっこいい人がいたら、自分もその人みたくかっこよくなりたいと思うものなんです。かっこいい人の言っていること、やっていることを真似して、自分もかっこよく生きたいの。

　檄文も同じだよね。雄叫びをあげている人が楽しそうに、イキイキと輝いていれば、誰だってあこがれるんだよ。自分もあんなふうになりたいって、真似をする。

　最初は「雄叫びなんて……」とか言っていた人が、いつの間にか大絶叫してるのは、そういうことなんです。

はなゑ　それでひとたび大声を出す快感を知ると、叫びたくてしょうがなくなる（笑）。周りの目なんかどうでもよくなって、みんな思いっきり大声を出しますね。

本気で出し切るとゾクゾクするというか、いい意味で感情がたかぶり、自分が自分じゃないみたいですごい力が湧いてくる。

あのなんとも言えないゾクゾク感は、檄文ならではだなぁ。もう、雄叫びせずにはいられません（笑）。


一人　あと、大声を出し続けていると声が枯れませんかって心配する人もいるんだ。もちろん、声が枯れるのが心配な人は少し控えたらいいだけで。そういうのも、自由に調整したらいいんです。

ただ、雄叫びをあげている人たちを見ていると、声が枯れることもまた楽しんでいるの。枯れるほど大声を出した本人は、それがうれしくてしょうがないんだよ。

それだけ気持ちいいってことだろうね。

はなゑ　そうなんです！　あとね、大声を出すことに慣れてくると、不思議と声が枯れなくなるの。不慣れなうちは、すぐガラガラ声になっちゃうんだけど。

だんだん声帯や腹筋が鍛えられてくるのか、あるいは声の枯れないコツが習得できてくるのかはわかりませんが、とにかく枯れなくなる。
さらに声にハリが出て、声量も増すような気がします。

一人 確かに最初は、それほど大声でもないのに息も絶え絶えの人っているよね（笑）。でもしばらくすると、ものすごく力強い、なんとも言えないいい声になって驚きます。

はなゑ そうやって限界まで声が出せるようになると、本当に「ブチッ！」って音がしたんじゃないかと思うほど、自分の殻が破れるのがわかる人も出てきます。
雄叫びができるようになると、こうした感動、楽しさも味わえると思いますよ。

「自分らしく生きる」ことを神も望んでいる

はなゑ　一人さんが作った、「仁義」という詩があります（86ページ参照）。

せっかくこの世に生まれたのなら、好きなことをして生き抜くぞ。そして、そんな自分の生きざまを神様に見てもらうぞっていう内容です。

これもよく、まるかんの集まりやパーティなどで雄叫びをする詩なのですが、「生き切れ！」「生き抜け！」といった強いメッセージは檄文に通じるものがありますね。


一人　「仁義」も檄文と同じで、ある日パッと出てきたの。確か、関西方面へドライブ旅行に出かけたときに降りてきた詩なんだよね。

高速道路を走っていて、途中、海老名（えびな）サービスエリアというところで休憩のために車を降りたら、10歩くらい歩いたところでいきなり言葉が浮かんでさ。慌てて、隣を歩いていた真由美（まゆみ）さん（弟子の宮本（みやもと）真由美さん）にメモしてもらったの。

これもやっぱり神様が降ろしてくれたもので、一人さんが考えた言葉じゃないんです。それは檄文も同じだから、意味することが似ていてもおかしくないよね。

結局のところ、神様が私たちに望むのは、「自分らしく生きな」ってことだけ。そして自分らしく生きるには、愛が必要だよって。私はそう理解しています。

はなゑ　檄文や仁義に限らず、一人さんのもとに降りてきた神様からの言葉って、どれも「自分にも人にも愛を出せば、あなたらしく自由に生きられるよ」という共通のメッセージがあります。

間違った観念や、世間のおかしな常識から解放されなきゃダメだよ。そんなものに縛られていると、幸せになれないよって。

一人　同じような意味を持つ言葉が繰り返し降りてくるってことは、それだけ重要で、神様が私たちにいちばん伝えたいことなんだろうね。

そしてそれらのなかでも今、最高のパワーを持つのが檄文だということを、実践してるみんなが証明してくれているの。

一人さんの肌感覚で言えば、言霊に宿るエネルギーは、仁義の10倍以上あると思います。

はなゑ　仁義の10倍を超すエネルギー!?　それはすごい。でも確かに、それくらいありそうですね。

もちろん仁義をはじめ、ほかの言霊にしても全部素晴らしいのですが、今はとにかく檄文がアツい!

今の時代は、檄文に書かれているような戦が日常的にあるわけではありません。世界には戦争が起きている国もありますが、少なくとも日本は平和であり、いつ命を奪われるかわからない恐怖で夜も眠れないとか、そんなことはないですよね。

だけど、幸せでなかったり、未来に悲観的だったりする人はたくさんいて。それは自分の気持ちを抑え込み、我慢ばかりしているからです。過去の傷を心に抱えたまま生きることで、気がつけば自分否定ばかりしているからです。

要は、心が重いのが不幸の原因なんですね。

一人　そういう意味では、現代の戦は「闇」との戦いなの。自分で自分のなかに闇を作って、その闇に飲み込まれちゃってるんだね。

でも檄文があれば、どんな闇でも愛と光で蹴散らせる。だからこそ、これだけ大勢の人に奇跡が起きているんだ。

仁義

たった一度の人生を
世間の顔色うかがって
やりたいこともやらないで
死んでいく身の口惜(くちお)しさ
どうせもらった命なら
ひと花咲かせて散っていく

桜の花のいさぎよさ
一度散っても翌年（よくとし）に
見事に咲いて満開の
花の命の素晴らしさ
ひと花どころか百花（ひゃくはな）も
咲いて咲いて咲きまくる
上で見ている神さまよ
私の見事な生きざまを
すみからすみまでご覧あれ

以上

成功者の声って、みんな大きいの

はなゑ　かつて、一人さんが「斎藤一人　ハッピーリーダー塾」というのを開催してくれていたんです。そのなかで、大きい声を出す訓練があって。

あれも目的は檄文に似ていて、みんな最初は大声を出すことに抵抗があったんだけど、やってるうちにだんだん自分の殻が破れてきた。

最後は全員、すさまじい雄叫びをあげていましたね（笑）。

一人　なぜ大声を出す練習をしたのかって言うと、幸せな成功者になるにはやっぱり圧がなきゃダメなんです。愛のある強さがなければ、人になめられちゃうんだよね。

それでその当時、どうすれば簡単に圧が出せるだろうかって考えて、いちばん手っ取り早いのは大声を出すことだと思ったんです。

成功者ってさ、みんな声が大きいの。少なくとも一人さんは、ボソボソ喋りながら成功し続けている人は見たことがないんだよね。

ただ、ハッピーリーダー塾の参加者は、もともと一人さんの教えをずっと学んでくれていた、いわば「準備のできている人」たちだったから、大声を出すことがそれほど高いハードルにならなかったの。

だから、これを読んでる人全員に大声を出せと言いたいわけじゃないよ。

はなゑ　そもそも、今は檄文がありますからね。檄文の場合は、読めばそれだけで波動がよくなる。最初は黙読でもいいし、小さい声でも圧は上がります。

その前提で聞きたいのですが、大きい声を出すことで、なぜメリットが得られるのでしょうか？

一人　第1章で、ダメの壁があるという話をしたでしょ？

その自分否定の気持ちとか、自分で作った限界の壁みたいなものってさ、どこか

1カ所でいいから穴を開けると、簡単に壁が崩れて突破できるんです。

はなゑ　わかった！　ダメの壁に穴を開けるための、ドリルのような働きをするのが大声というわけですね。

一人　その通り。ダメの壁って、音波で吹き飛ばせちゃうの。

もちろん、檄文を唱えるだけでもダメの壁を壊すことはできるし、そこに大声っていう要素が加わると、さらにその効果が高まるってことはあるかもわかんないね。

あとさ、昔から本を読んでいても、「大声を出すと免疫力が上がる」とかって書かれているの。大きい声を出すって、それだけで心身にいい影響があるんだろうね。

はなゑ　なるほど～。そういえば、一人さんはよく、「声ほど人を魅了するものはないよ」とも言いますね。

確かに同じ話でも、声がしっかり出ている人の言葉はスッと入ってきて、受け入れやすいように思います。もっとこの人の話を聞きたいなぁって思うのは、やっぱりボソボソ喋る人ではないかも。

一人　どんなに素晴らしい話でも、聞こえにくい声で説明されるとイマイチに感じちゃうよね。そうすると商品なんかでも売れないから、また「私はダメだ」ってなっちゃう。自信のない喋り方が、さらなる自信のなさを生み出してしまうんだよ。

同じ商品を売っている営業マンでも、なぜかたくさん売れる人と、全然売れない人がいるでしょ？　もちろんいろんな部分で違いはあるだろうけど、いちばんの違いは声なの。成功する人は、間違いなく「成功する声」を出しているんです。

うちの出陣式（年に一度のパーティ）はすごい人気なんだけど、なぜかと言うと、社長たちの声だとか、舞台で雄叫びをあげる仲間の声が生で聞けるからなんです。それほど、人の声っていうのは魅力がある。

人間ってさ、体自体が素晴らしい楽器なんです。その楽器を見事に使いこなしている人は、やっぱりどんな分野でも伸びていくよ。

という意味では、なかなか成功できない人は、まだ自分という楽器を使いこなせていないのかもしれないね。

はなゑ　人間の体が楽器だなんて、素敵～。自分の楽器で、どこまで美しい音色が奏でられるか挑戦したくなります！

一人　それとね、「赤心来福（せきしんらいふく）」という言葉があるんです。赤ちゃんの心を思い出せば、福がやってくるよっていう意味なんだけど。

これは心だけじゃなくて、声もそうなの。

赤ちゃんって、いつも思いっきり声を張り上げて泣くでしょ？　そんな感じで、大人もたまに大声で圧を出していると、出世したり豊かになったり、いろんな幸せに恵まれるんだと思うよ。

はなゑ　赤ちゃんって、ものすごく大きな声で、元気よく泣きます。しかも、少々のことでは喉を痛めることもないって聞きます。

と思うと、もともと私たちには大声を出せる機能が備わっているということですから、少しずつ慣れていけば、誰でも声が出せるものかもしれませんね。

好きなように楽しむのが檄文のルールだよ

はなゑ これは一人さんの教えすべてに通じることですが、檄文にルールは一切ありません。

これまでお伝えしてきたように、黙読でもいいし、小さな声でつぶやこうが、雄叫びをあげようが自由。いつでも好きな場所で、そのときの気分で好きな檄文を選べばいいし、もちろん8つの檄文全部を読み上げたい人はそうすればいい。

こんなに自由でいいのかってくらい、決まりがありません（笑）。

一人 あえて言えば、「好きなように楽しむ」のがルールだよね。

ただ、1つだけアドバイスがあります。小さい声でも構わないから、一度、8つの檄文をすべて読み上げてみて欲しいんだよね。

そうすると全体の雰囲気がわかって、その次からは、「今日はこれにしよう」「今はこっちの気分だな」って選びやすくなると思うから。

あとは、あなたが「今、檄文が読みたいな」と思うときに唱えたらいい。というか、それがお勧めのタイミングなんです。

はなゑ　そうやってると、私なんかは結局、全部読み上げたくなっちゃうんだけど(笑)。

檄文って読み続けるうちにどんどん好きになるから、一つ読み上げると「あと一つ、やっぱりもう一つ」って、気がついたら全部読んじゃってるの。

ほかにもそういう人がけっこういるので、「檄文あるある」なのかな(笑)。

一人　それも檄文の不思議な魅力だよね。

あと、よく「檄文は全部覚えた方がいいですか？」って聞かれるんだけど、長い文章なので覚えなくても構いません。実際、一人さんも覚えてないし（笑）。細かいことは気にせず、紙を見ながら言えばいいだけだよ。

はなゑ　たとえば好きな歌は、わざわざ覚えようとしなくても勝手に歌詞が頭に入ってくるでしょう？　それと同じで、檄文も繰り返し読み上げたり、YouTubeなどで聞いたりするうちに、いつの間にか覚えちゃうんです。

だけど、覚えたから効果が高まるとか、覚えない人は効果が半減するとか、そういうことはありませんので、無理はしなくてだいじょうぶです。

読み間違えたってOKなので、気楽に挑戦していただきたいと思います。

「檄文援軍」で大切な人にもパワーを送れる

はなゑ　檄文で心の詰まりみたいなものが抜けると、行き着くのは愛です。そうすると、「ほかの人にもこういう気分を味わってもらいたい！」と思うようになります。

愛でいっぱいになった人は、その愛をほかの人におすそ分けしたくなるものだから。

本心から、みんなの波動を高めてあげたいなぁ、幸せになって欲しいなぁって思うんですよ。


一人　そういうときには、「檄文援軍」をするといいんです。遠く離れている人にも、檄文の波動を簡単に送ることができるから。

遠隔でパワーを送ると言っても、難しいことは何もありません。

相手のことを思いながら、「檄文援軍を送ります」と言って檄文を読み上げるだけです。この一文を加えるだけで、地球の裏側だろうがどこだろうが、檄文パワーが飛ぶよ。

はなゑ　もちろん、周りに人がいたりして大声が出せない場合は、小さな声で朗読したり、心のなかで唱えたりするだけでもじゅうぶん。

檄文は言霊だから、声の大きさに関係なく相手に届きます。

選ぶ檄文も、自分の好きなもので構いません。そのときの気分とか、なんとなく「あの人にはこの檄文だな」ってピンとくるものがあればそれでもいいし。

一人　ただ、これもいい人に多いんだけど、自分のなかにまだモヤモヤが残ってる状態で、人のことばかり考えないことだね。

まずは、自分をちゃんと整えてから。

自分の心は重いままなのに、ほかの人のことばかり考えてもうまくいかないんです。

はなゑ　そもそも自分の圧が上がってくると、その波動は勝手に周りに伝わりますからね。檄文援軍を送らなくても、自分が整うだけでかなり周りにも変化が出てくる。

それは、遠くに住んでいる家族なんかも同じです。

自分に縁のある人は、どこにいてもあなたの波動をキャッチできるので、あなたがいい波動になれば、あなたの大切な人も、おのずと元気になったり運がよくなったりしますよ。


一人　その通り。だからまずは、自分がしっかり整うことだね。

そしてそれができれば、人に檄文援軍を送るときもより強い波動となって、効果的に相手の波動を上げることができます。

あとね、人はいいものにあこがれるから、あなたが檄文で素敵な人になれば、それを見た周りの人は「私もこうなりたい」「どうしたらこの人みたいになれるの？」って、勝手にあなたの真似をし出す。

それで、あなたの大切な人も自分から檄文を始めちゃったら、もうあなたの手を借りることもないいんだよ。その人も、自分で自分を幸せにできるからね。

それと、もう1つ。あなたが何か問題を抱えて、仲間のパワーをもらいたいなぁってときは、「檄文援軍をお願いします」とお願いすればいいよ。

はなゑ　ある女性は、ネットショッピングをしたとき、業者の不誠実な雰囲気を感じて、キャンセル・返金をお願いしたんだそうです。ところが、途中で業者と連絡が取れなくなるなど、やり取りがうまくいかずに困ってしまった。

そこで、仲間たちに「檄文援軍をお願いします」ってお願いしたところ、全国の仲間たちが檄文援軍を送ってくれました。そしたら間もなく、「無事にキャンセル手続きができました！」という報告がありました。

こうした生の声からもよくわかりますが、檄文は本当に結果が出るのが早い。小さなことなら、それこそたちどころに解決しちゃいますよ♪

第4章
真剣勝負の楽しい遊び「檄文」Q&A

斎藤一人×舛岡はなゑ

Q1

檄文合戦について詳しく教えてください

舛岡はなゑ（以下、**はなゑ**）　檄文合戦は、銀座まるかんのはなゑ隊以外の隊でも行われています（※1）。しかし、ここではわかりやすくするために、はなゑ隊で主催する檄文道場（檄文合戦を行う場）に絞ってご紹介いたしますね。

はなゑ隊の檄文合戦は、土日を除く毎日、お昼と夜の1日2回オンラインで行われています。参加者は毎日100人以上の、大人気イベントとなっています（2022年12月現在）。

単に参加者が檄文を読み上げて終わるだけでは味気ないということで、檄文合戦に参加するとポイントがもらえたり、そのポイントを集めることで、一人さんオリジナルの御札がもらえたりもします。

さらに、一定のポイントを集めた人は師範検定試験にチャレンジすることができ、それに合格すると、一般の人でも師範になることができます。

道場とか師範って、「なんか敷居が高そう……」と思われるかもしれませんが、こうした枠組みは、本気で遊ぶために「あった方が燃えるよね！」ということで作っただけのもの。堅苦しさみたいなものは、まったくありません。

私たちはみんな、ゲーム感覚で楽しむのが大好きだから、ワクワクする仕組みを盛り込みたいんですよね。

なお、こうしたシステムはほかの隊も同じですから、どの隊の檄文合戦に参加しても同じように楽しめますよ。

檄文合戦は誰でも無料で参加できますので、興味をお持ちのかたは、お近くのまるかん特約店に問い合わせてみてください（※2）。

斎藤一人（以下、**一人**）　あくまでも楽しい遊びとしてやってることで、うちの商品を買わないと参加できないとか、うちの会社を宣伝したいとか、そういう話ではないんです。

誰にでも気楽に参加してもらいたい、そして楽しんでもらいたい。だからこそ、ちょっとした枠組みを作っているんだよね。

運動会だってさ、まったくルールがないなかで競い合っても楽しくないじゃない。ルールがあるから大勢集まってもまとまるし、1つひとつの競技に燃えるの。

ポイントにしても、子どもの頃、夏休みになると地域のラジオ体操に参加したでしょ？　そのときにハンコを押してもらって、スタンプがいっぱいになるとうれしかったよね。それと同じような感覚でいいんです。

とにかく、気楽に参加してもらえばいい。今、参加してる人たちだって、義務感や堅苦しさなんか少しもなくて、みんな自由に楽しんでいるしね。

もちろん、気乗りしない人は無理して檄文合戦に参加することもないし、自分で好きなように檄文を読み上げるだけでもじゅうぶんですよ。

はなゑ　ただ、たいていの場合、一度参加すると病みつきになっちゃうみたい。あまりにも快感だから（笑）。

会社勤めをされているかたなんかは、檄文合戦の開始時間までに帰宅するために、仕事が終わるとすっ飛んで帰ったり（笑）。都合のつく人は、1日2回、毎日でも参加していますしね。

檄文合戦の熱気を味わったら、そうなるのもわかるなぁって。

一人　雄叫びをあげられないとか、まだみんなの前で読み上げるのも難しいとか、そういう人もいっぱい参加してるけど、そんなの誰も気にしないしね。だから、「ただ参加してみる」っていうのもアリだし、みんな大歓迎してくれるよ。

はなゑ　その通りです。ちなみに檄文合戦では、それぞれが檄文を読み上げるときに、ほかの参加者が全員で「オ〜！」というかけ声を贈るのですが、雄叫びができなくても、このかけ声だけは一緒に声を出せるっていう人もいます。

そんなふうに一部だけ参加してもいいし、もちろんずっと聞いているだけでもいい。

檄文合戦では、ほかの人の雄叫びを聞くだけでも胸を打たれるし、本当に濃厚な感動の時間を過ごせると思いますよ。

一人　夢中になれる楽しい遊びがあるって、それだけで価値があるよね。私はいつも、「人生楽しみなよ」「自分を甘やかして、遊びまくるんだよ」って言うんです。だけど楽しいことがない人は、楽しみようがないし、遊びようがないでしょ？

その点、檄文にハマった人というのは、ものすごい遊びを見つけちゃったの。しかもその遊びで劇的に人生が変わるのなら、こんなにお得なことはないよ。

はなゑ　はなゑ隊の道場は総本部なので、ひょっとしたら、最初は気後れするかたがいらっしゃるかもしれません。そういう場合は、初めは少人数の道場で参加することもできますよ。

今は師範がたくさん育ったことで、道場の数もどんどん増えていますので、こうしたご相談も遠慮なく特約店にお寄せくださいね。

（※1）はなゑ隊による檄文合戦がスタートした後、ほかの隊でも行われるようになりました。

（※2）全国の特約店は「銀座まるかん」公式ホームページより検索できます。

Q2 檄文気愛合戦の「気愛」ってなんですか？

一人 人はね、どこまでいっても愛しかないんです。

愛なしには成功しないし、豊かになることも、幸せになることもできません。一時的にうまくいっても、愛のない人はそれが長く続かないの。

人生を輝かせるためには、絶対に愛が必要なんだよね。

だから、一人さんもうちの人たちもみんな愛を大事にしているし、愛のある人が大好き。言葉にしても、日本語にはいろんな表現があるけれど、やっぱり「愛」という文字がダントツで好きなんです。
で、好きなものはいろんなところに使いたいじゃない。だから、気合いを「気愛（きあい）」と書いているわけ。

はなゑ　ただ、「檄文気愛合戦」という表記にしようと提案したのは一人さんじゃないし、私やほかの社長たちが決めたわけでもない。いつの間にか、自然発生的にそうなっていましたね〜。

一人　檄文は愛の詩だから、うちの誰がネーミングを考えても、「気合い」とはならないだろうね。というか、私たちのなかでは「気愛」という表記の方が一般的になっちゃってるしさ（笑）。

あと、せっかくだから、ここで愛についてもう少しお伝えしてみようと思います。
一人さんって、いつも「自分を愛するんだよ。それと同じように、人のことも愛しな」って言うんです。

人生に愛が欠けていては幸せになれないから、そう言うの。

すると、「自分を愛することがうまくできない」って悩む人が出てくるんだけど、ほとんどの場合、こういう人は自分のことを否定しているのが原因なんです。

自分はダメな存在だとか、自分には価値がないとか。あなたが自覚していないとしても、どこかでそういう思いがあるから自分を愛せないんだよね。


はなゑ　でもそれは、自分の勘違いですね。完全なる誤解。

あなたがどんな環境で育っても、過去にいかなる失敗をしたとしても、それはあなたがダメだということの証明ではありません。

人はみんな、等しく愛と光の存在です。

生きていれば嫌なこともあるけれど、それは魂を磨くための試練に過ぎず、あなたの価値とは一切、関係ないこと。ただ、嫌なことが重なると、自分が愛と光であることを忘れちゃうんですよね。

一人　それで自分はダメだと勘違いするんだけど、こういう人にこそ檄文が必要なの。

檄文で圧を上げてごらんよ。檄文の強い波動、愛の波動を受け取ったらいい。そうすれば心の風通しがよくなって、余計なことなんか考えなくなるから。自分はすごい人間なんだってわかるから。

それも、ただ気づくだけじゃない。心の底からそう思えるんだよ。

心を占領するゴミが檄文で吹っ飛ばされると、そこには愛しか残らないから、嫌でも自分に優しくなれるんです。

それで、幸せにならない人はいないよ。

Q3　檄文をケータイの待ち受けにしてもいいですか？

はなゑ　ケータイの待ち受け画面、すごくいい考えだと思います。ケータイはしょっちゅう手に取るものですから、檄文を待ち受け画面に設定しておけば、１日に何度も檄文が目に飛び込んできて、それだけいい波動に触れられますよね。
紙に書いて部屋の壁に貼ったりするのも、同様の効果があると思います。

一人　そうだね。それで余裕があるときは、小さい声でもいいから読み上げるといい。

黙読だけでも言霊のパワーはもらえるけど、やっぱり声に出した方がすんなり心に入ってきやすいと思います。

ただし、急いでいるときや、周りに人がいて声が出せないときなんかは、無理をする必要はありません。パッと黙読するだけでもじゅうぶんですよ。

はなゑ　あとは、先にお伝えしている通り、YouTubeで檄文合戦を見るのもお勧めです。私も、ふだんはBGMのようにして檄文合戦の動画を流していますが、それだけですっごく気持ちがいいですよ。

また、私たちの仲間である音楽家の大江田真理（おおえだまり）さんが、檄文からインスピレーションを受けて、「猛将鎮魂の詩（※）」というヒーリングミュージックを作ってくれたんです。

まさに檄文で浄化された魂のイメージですごく癒やされるので、この曲も、就寝前などによく聴いていています。あんまり心地よくて、いつの間にか寝ちゃうんですが（笑）。

檄文にルールはありませんので、そのほかにも、あなた自身が「こうしたらいいかな？」と思ったことはなんでも自由に活用してくださいね！

（※）「猛将鎮魂の詩」は、以下のYouTubeよりどなたでも聴くことができます。

真理さんは、ほかにも一人さんの詩をもとに、さまざまなヒーリングミュージックを手掛けています。興味のあるかたは、そちらも聴いてみてください。

Q4

一人さんやはなゑさんは、檄文を毎日唱えますか？

はなゑ　檄文合戦に参加するときは本気で雄叫びをしますし、そうでない日も、YouTubeでみんなの檄文合戦を見ながら、「オ～！」っていうかけ声だけは出したりしますね。

もちろん、気が向いたときに檄文を唱えることもあるので、結局、毎日何かしら檄文に触れてはいるかな。

それは意識的にしているわけじゃなく、檄文が好きだから、ちょっと時間ができるとYouTubeにアクセスしちゃうし、自然と檄文を読み上げている感じです。

一人さんとも一緒にYouTubeを見ることがありますが、やっぱり一人さんも、つい口ずさんじゃってるかも。

一人　そうだね。自分では1日に何回言ってるかわかんないけど、多分、1日200

回くらいは読み上げてるんじゃない？

はなゑ　えっ、そんなに!?

一人　まぁそれは冗談だけど（笑）。気持ちとしては、それくらい口にしたくなるよねって話でさ。

一人さんにとっても、檄文は本当に深い魅力を感じる詩なんだ。

Q5 お墓参りのときに檄文を読み上げてもいいですか？

一人　もちろん、いいですよ。仏壇やお墓の前で檄文を読み上げると、ご先祖様の供養になるの。ご先祖様も、すごく喜んでくれるんじゃないかな。

でも、それ以上に大事なのは、ふだんからあなたが檄文に触れることだと思います。

いつも檄文のエネルギーを受け取っている人は、どんどんいい波動になる。その波動で勝手に周りの人にもいい影響を与えるし、実はあの世にもあなたの波動は届くんだよね。

つまり、わざわざお墓参りに行かなくても、浄化や供養ができるわけです。

でね、そんな素晴らしい波動のあなたがお墓参りに行くとどうなるかっていうと、あなたが足を踏み入れた瞬間に、墓地の上に太陽が出たのと同じになるの。

あなたの家のお墓だけじゃなく、墓地じゅう、お寺から何から全部の波動が変わっちゃうよ。

はなゑ　昔は、今みたいに自由に生きられないのが当たり前でしたから、きっとどんな家にも、無念な思いを残して亡くなったご先祖様がいると思います。

そういう浮かばれない思いや魂を、今、ここに生きている私たちが檄文で浄化し、光に戻してあげる。そうするとご先祖様が喜んで、子孫である私たちの味方をしてくれるんです。

私たちにとってこんなに心強いことはないし、ご先祖様にとっても、檄文で浄化してもらえるのはうれしいこと。お互いにメリットしかありません。

ちなみに、自分ちのお墓以外でも、たとえば武将のお墓だとか、交通事故があったところ、自然災害や人災で人が亡くなった場所、自殺の名所などで激文を唱えてあげると、そこにさまよっている浮遊霊が浄化されます。

檄文のパワーがあれば、誰でも簡単に浄霊ができますよ。

一人　すでにいろんな場所で、みんな思い思いに鎮魂の檄文を奉納しているよね。

はなゑ　はい、たくさんの報告が上がってきています。

東日本大震災で多くの命が失われた場所や、先の大戦で大勢が亡くなった沖縄の壕（ごう）（敵から身を隠すための穴や溝）など、さまざまな地域で檄文奉納が行われています。家の近くにある神社仏閣で、檄文奉納されるかたもいらっしゃいますしね。

そこでも、やっぱりみんな不思議な体験をしているようです。

「無数の光が天に昇って行くのがわかり、その光の柱に感動しました！」

「被災地では体が重かったのに、檄文を読み上げるうちに体が軽くなった」

「檄文の奉納後は、なんとも言えない清々しい気持ちになります！」

こうした感想を見ていると、檄文が確かに慰霊となっているのがよくわかります。


一人　今はまだコロナ禍の終息も見えず、なかなか大勢で集まることができないけど、世の中が落ち着いたら、檄文ツアーみたいなのができるといいね。

全国の災害があった場所やなんかに出かけて行って、みんなで8つの檄文を読み上げたら、すごい鎮魂になるよね。

そんな日が早く訪れるのを、一人さんも楽しみに待っています。

Q6 雄叫びをあげるときのポイントはありますか？

一人　自分の出せる範囲内で声を出せば、それがあなたにとっての最高峰。細かいことは気にせず、自分なりに楽しんでもらうのがいちばんです。

ただ、雄叫びをあげるのが好きな人もたくさんいるので、ここではそういう人に向けてお伝えしますね。

まず、**檄文は「出し切る」ことがポイント**なんです。

途中で言い間違えてもかまわないし、言葉に詰まっても気にする必要はありません。

心のモヤモヤだとか、自分の思い、なんでもいいんだけど、出し切ることだけを考えて叫ぶといいよね。

はなゑ　実際、出し切ることに集中していると、しょっちゅう言葉が抜けたり間違えたりするんですよ。私もそうだし、みんなもよく間違えてる。紙に書かれたものを読んでいても、間違えることがあるからね（笑）。
だけど、そっちに気を取られてしまうと、肝腎の「出し切る」ができなくなっちゃうんです。

一人　間違えたからって、檄文の圧が下がるわけじゃない。波動にしたって、完璧に読み上げたときと同じように上がるから心配ないんです。

途中で声がうまく出なくなってもいい。声がかすれたり、裏返ったりすることもあるけど、それもまた最高峰の魅力だからね。いい味わいになるよ。

はなゑ　そう！　声が裏返ったりするのって、実はすごくいい味なの。すごみ、狂気みたいなものが感じられるっていうか。だけどそのなかに色気もあって、私は大好物だなぁ（笑）。

ちなみに、「自宅ではご近所の迷惑になるのでなかなか大声が出せない」といった事情がある場合は、車で人の少ない場所に移動して叫んだり、近くのカラオケボックスに行ったり、みなさんいろいろと工夫されています。

それから、これは私たちの好みであって、正しいと言いたいわけではないので参考までに留めていただければいいのですが。

雄叫びのときに、たまに力みすぎて目をつむっちゃう人がいるんです。でも客観的に見ると目は開いていた方がかっこいいし、圧も感じるので、できれば目をしっかり開いて声を上げるといいと思います。

一人　もちろん、瞬きはしてもいいんだよ（笑）。

ただ、檄文は戦と同じ。目を開けてないと、敵に斬られちゃうからね（笑）。

はなゑ　それともう一つ。かっこいい雄叫びをあげる人って、語尾をちょっと上げつつ、最後に余韻を残す感じで伸ばすんです。

YouTubeを見ていただくとわかりやすいのですが、「我々〜、無敵の〜」という感じで、語尾を上げながら伸ばす。そして、ゆっくり読み上げます。

あんまり早口だと、なんとなく「一刻も早くここから逃げたい」みたいな印象に聞こえちゃうし、かといってゆっくり唱え過ぎるのも間延びするし（笑）。

調整が難しいかもしれませんが、だいたい一つの檄文を40〜50秒で読み上げると、ちょうどいいと思いますよ。

Q7 心に大きな傷があっても檄文に挑戦していいですか？

はなゑ　心に大きな傷を抱えている人、生きることに疲れ切っている人は、激しい言葉が並ぶ檄文に戸惑いを感じるかもしれません。しかし、結論から言えば、もちろんどんな人でも檄文に挑戦していただきたいと思っています。

私のところにも、「一人さんの教えを学び始めたばかりなので、まずはもっと基本的な考え方から変えていった方がいいですか？」といったご質問がありますけど、一人さんの教えは初心者だとか、今の自分の状況が深刻だとか、そんなことに関係しません。だから、檄文に挑戦していただいた方がいいでしょう。

一人　そうだね。むしろ、「私には檄文はハードルが高いかも」って不安に思う人ほど、檄文を選ぶといいよ。

確かに一人さんが過去にお伝えしてきた教えも、効果があると思うからみんなにお勧めしてきました。

でもね、それらは世の中に出てすでに時間が経っています。つまり、あなたが今までの教えで助かる場合は、もう心が軽くなってるはずなんです。

だけど、今も傷つき、疲れているんだとしたら、きっとより強いパワーが必要なんだろうね。そして今、檄文という新しい言霊に出合ったということは、**今があなたにとっての、自分を変えるベストタイミング**なんだと思います。

だったら、素直にその流れに身を任せ、檄文を読み上げたらいいんじゃないかな。

でね、一人さんのほかの教えも学んでみたい人は、檄文で思うような効果が得られなかったときに試してみたらいいと思いますよ。ひょっとしたら、あなたには別の教えの方が向いていて、そちらの方が効果があるってことも考えられるからね。

はなゑ そうですね。ほかのことをしちゃいけないと言っているわけではなく、あれもこれも……って思うと混乱するし、多分、面倒になって続かない(笑)。

そういう意味でも、まずは檄文に絞って挑戦するのがいいでしょう。

一人　今はさ、新幹線や飛行機という文明の利器があるでしょ？　それに対して、「昔は鈍行列車しかありませんでした。それ以前は、東海道を歩いて移動していました」とかって、歩いて移動することから始める人はいないよね（笑）。

東京から大阪に行くんだったら、新幹線や飛行機を使うのが当たり前です。速くて快適な乗り物があるんだから、そっちを利用すればいい。

檄文もそれと同じなの。新しくて効果があるものは、遠慮しないで使ってみたらいいよって話なんだ。

第5章

奇跡の報告続々！　檄文体験者・座談会

舛岡はなゑ×鈴木達矢×稲邉真貴×内ヶ崎敬彦

本章では、いつもはなゑ隊の檄文合戦を開催し、盛り上げてくれているメンバーの、たっちゃん（オフィスはなゑの鈴木達矢部長）、マキちゃん（オフィスはなゑの稲邉真貴部長）、うっちー（オフィスはなゑの内ヶ崎敬彦店長）の3人と、私（舛岡はなゑ）の座談会形式で、全国の一人さんファンから寄せられた奇跡の檄文体験談について、大いに語り合いたいと思います！

*

魂が浄化されると特別な香りが漂う

舛岡はなゑ（以下、**はなゑ**）　これは私が体験したことです。オフィスで檄文合戦に参加した日って、その場をはじめ、家に帰っても、独特ないいにおいを感じることがあるんです。

ふわっとほのかな香りに包まれるときもあれば、一瞬ヘンなにおいがした後に、いいにおいに変わることも。

どんなにおいですかって聞かれると、ほかにたとえようがなく、「いいにおい」としか言いようがないんだけど……。ただ、過去にも美開運メイク（※1）の講習会やセラピスト養成講座（※2）で、似たようなにおいをかいだことがあるんです。

多分、因果が解消するときの浄化のにおいだと思うので、私はそのにおいがすると、「神様のにおいだ〜♡」ってうれしくなっちゃうの。

鈴木達矢（以下、**タツヤ**）　はなさんの場合は、強い浄化の感覚がにおいとして感じられるんだね〜。場の空気感とか、そこにいる人たちの魂が浄化されるのを、嗅覚で察知しているというか。

はなゑ　そう！　私って、霊感みたいなものはさっぱりないの（笑）。だから、いわゆる「不思議なもの」が見えたり聞こえたりすることはないんだけど、なぜか鼻はきく。名前も「はなゑ」だし(笑)。
でも、それほど敏感なタイプではない私でも、こうしてにおいを感じるということは、やっぱり檄文の鎮魂・慰霊の効果はすごいんだなぁって思います。今まで浄化できずにさまよっていた魂や悪霊が、じゃんじゃん光に変わっているんだろうなぁ。

稲邉真貴(以下、**マキ**) はなゑ社長の講演会なんかだと、参加されたかたが「会場で、すみれの香りがしました」「百合のような、高貴な香りを感じました」っておっしゃることもありますね。場が浄化されて波動が変わったりすると、それをにおいで感じ取る人がけっこういるのかも。

内ケ﨑敬彦(以下、**うっちー**) 檄文の体験談でも、次のような、においにまつわるエピソードが複数あります。
「変なものがいると、ドブのような嫌なにおいがしたり、獣臭やカビ臭が漂ってきたりします。そういうときに檄文を読み上げると、その場がオゾン(除菌、脱臭といった浄化作用のある気体）みたいな、浄化を思わせるにおいに包まれます。

やがて、嫌なものが焼き払われるような焦げくさいにおいに変わり、その後はもう嫌なにおいはしなくなります」

タツヤ　真夏なのに、檄文合戦がはじまった途端に悪寒がして、ウンチみたいなイヤ〜なにおいがしたって人もいたなぁ（笑）。
でも、そういうのも檄文を読み上げると全部消えるんだって。

はなゑ　檄文合戦でみんなが雄叫（おたけ）びを始めたら、急に部屋のなかが臭くなって、猫のトイレがにおうのかなと思った人もいるよね。

でも、自分の番が回ってきて檄文の雄叫びを終えたら、その後は急に甘〜い、南国に漂っていそうな楽しい感じの香りに変わったって。

これ、完全に浄化されていると思います。悪霊が退散されたり、因果が解消されたりして、天国のにおいになったんだね。

マキ　そういえば、「檄文を始めたら、ここ数日ずっと、自分の体から赤ちゃんのミルクみたいなにおいがします」って喜んでいる人もいました。

きっと、檄文でピュアな魂に戻ったんでしょうね～。

はなゑ　いずれにせよ、「嫌なにおいがしても、檄文できれいに消えたり、いいにおいに変わったりする」ということは共通していますので、まったく怖いイメージはありません。むしろ、いいにおいがしてくると楽しくなりますよね。

こういうのもまた、檄文の面白さだと思います。

（※1）一人さんの教えをもとに舛岡はなゑさんが独自に考案した、運が開けると評判のメイク術。

（※2）一人さんの教えから生まれた、癒やしのカウンセラーを養成する講座。

人も動物もなぜか元気になっちゃう

はなゑ　檄文には、人を元気にする作用もありますね。

私なんかは、ちょっと体がだるいなぁ、重いなぁと感じたときに檄文を読むと、すごく元気が出ます。忙しくて疲れがたまったときなんかも、効果てきめん。

ほかにも、同じような経験をしている人がたくさんいます。

「喉（のど）がイガイガして体も痛かったのが、ちょっと寝て起きたら回復していてびっくり。檄文のおかげだと思います！」

「早朝からの仕事をしているので、いつもは昼寝なしには夜までもたないのですが、檄文を始めてからは昼寝なしでも元気です！」

「体のあちこちに痛みがあり、ひどい倦怠感で仕事をお休みした日、YouTubeでみなさんの檄文を聞いたら、ウソみたいに体が軽くなってトリハダが止まりません！」

檄文を読んだ日はよく眠れて疲れが取れるとか、多くの人が、大なり小なり体調の変化を感じているようです。

マキ　それ、私もわかります！　最近、何年か前の自分に戻ったように体が軽くて。

檄文合戦の常連さんも、こんなことをおっしゃっていました。

「夏のある猛暑日に熱中症になってしまったのか、頭痛と吐き気でダウンしてしまったんです。体調不良はなかなか抜けず、一晩寝ても、まだ頭痛やめまいが残ったまま……。これは檄文にエネルギーをもらうしかないと思い、這うようにして檄文合戦に参加したのですが（笑）、いざ参加してみたらすごく大きな声が出てびっくり！

その後はどんどん体が軽くなってきて、翌日にはスッキリ回復。いつも通り、仕事にも行けました」

また、ある女性は、「お年頃なので、そろそろ閉経かな〜と思っていたら、なんと4カ月ぶりに生理がきてびっくり！　檄文でホルモンバランスが整えられたのかしら？」なんて喜んでいました（笑）。

檄文合戦の動画を公開しているYouTubeのコメント欄では、「私は虐待を受けていた過去があり、長年メンタルの不調があるのですが、カラオケボックスで檄文を叫んでみたら、汗がダラダラ出て元気になりました。今までで、いちばんの即効性とパワーです！」といったご感想も見かけました。

うっちー　お掃除のパートをされている女性は、いつも業務用の大きな掃除機を使うため、背中がパンパンになるそうです。それが檄文を始めてからは、驚くほど背中が軽いのだとか。似たような話では、腰の痛みが消えた人もいましたね。

それから、このところ体のマイナートラブル（小さな不調）に悩まされ、休日には1日じゅう寝込むこともあるというかたは、「檄文で体が軽くなり、休みの日も元気に動けています！」とおっしゃっていました。

歩くことができなくなったおじいちゃんが、「リハビリをしたら、歩行器や杖を使うことなく180歩も歩けました。もう二度と自力で歩けないと覚悟していたのに、奇跡です！」といったお話もあります。

タツヤ　危篤状態だったお母さんが元気になって退院したとか、奇跡みたいなエピソードも枚挙にいとまがないよね。

彼氏が白血病で闘病中という女性がいます。その彼が、数日前から41度の高熱で大変だったそうなんです。少しでも彼が回復するようにと檄文合戦に参加していたら、まさにその最中に「熱が下がったよ！」と、本人から連絡があったのだとか。

ほかにも、イレウス（腸閉塞という腸が詰まる病気）から回復したばかりのかたも、こんな経験をしたと言います。

「やっとイレウスが治ったと思った矢先に激しい腹痛を起こし、慌てて救急病院に駆け込みました。医師に〝入院になると思います〟と言われて不安になり、痛みと闘いながらも小声でぶつぶつ檄文を唱えていたら、なんと検査の結果、入院しなくてもだいじょうぶとのこと。その夜、真っ黒なウンチが大量に出て、なんだか毒が出たみたいにスッキリしました！」

このかたは、あんまりおなかのトラブルが続くので、ひょっとしたら過去世では切腹したことがあるのかもしれないとおっしゃっていました。その記憶を浄化したくて、今世（こんせ）、檄文に出合った気がするって。

はなゑ　いや〜、みんなの体験談がすごすぎて、最近は何を聞いても驚かなくなっちゃったよね（笑）。

ちなみに、元気になるのは人間だけではないようです。

「緊急入院した愛犬が、動物病院の先生も驚くほど回復した」

「今にも息を引き取りそうな老犬に、家族がお別れの言葉をかけていたら、急に復活してご飯まで食べ始めた」

など、ペットのワンコや猫ちゃんにも、信じられないような変化があったとたくさんの報告をいただいていますよ。

子どもの引きこもりが治った！　成績アップ！

はなゑ　檄文を読んでいると、自分だけでなく、周りの人もすっごく変わります。

ある女性の娘さんは、不登校から引きこもりになり、長らくその状態が続いていたそうです。それが檄文を始めて間もなく、娘さんからこんな言葉があったのだとか。

「私、なんだか目が覚めた気がする」

そして少しずつ、彼女は外に出るようになったのです。

たまに振り子のように気分が沈む日もあるけれど、今は頭がスッキリした日も多いようで、娘さんに笑顔が戻り、家のなかが明るくなったと言います。

タツヤ　62ページで紹介した自閉症の男の子も、最近は嫌なこと、したくないことを自分で伝えられるようになり、笑顔がめちゃくちゃ増えたそうです。

うれしいことに彼は檄文が大好きで、ぐっすり眠っているときでも、お母さんが「檄文合戦、始まるよ〜」と声をかけると、ムクッと起きてくるんだって。

うっちー　特別支援学校にお勤めのかたも、こんな興味深いお話をしてくれました。

「以前は子どもたちが暴れてモノを投げ、しょっちゅう窓ガラスが割れていたらしいのですが、私が勤務するようになってからはそんな場面がほとんどなく、みんな首をかしげています」

ほかの職員さんは、子どもたちの相手をするなかでよく怪我をするのに、なぜかその人には子どもたちが攻撃しない。それどころか、いつも可愛くて優しい笑顔を見せてくれると言います。睡眠障害があってなかなか眠れない子も、そのかたとソファで戯れているうちにグッスリ眠ってしまう。

あと、施設にはいつも寝っ転がって遊ぶだけの子がいるのですが、小声で8つの檄文を読み上げてみると、途端に自分で起き上がり、背筋をピンと伸ばして体育座りをしたのだとか。そういうことができる子ではなかっただけに、大感動だったそうです。

マキ　それから、また別の人のこんな体験談があります。

バレエ教室の先生をされている女性は、発表会が近くなってもさっぱりレッスンに来ない反抗期の生徒さんとうまく意思の疎通ができず、とても悩んでいたそうです。遠慮や自信のなさから、その子にどんな言葉をかけてあげたらいいのかわからなかったんですって。

それが檄文を読み上げるうち、「愛からの言葉ならきっと伝わる！　よし、電話してみよう！」と、勇気や自信が湧いてきた。

実際に電話がつながると、「あなたがいないと、私もみんなも寂しい。あなたが必要なの」といった言葉がスルスルと出てきて、とても自分が喋っているとは思えなかったそうです。

そして翌日、その子が別人のように晴れやかな表情でスタジオに現れたのです。

この先生は、生徒さんがいちばん欲しがっていた言葉をかけてあげられたんだなぁと、聞いている私まで胸がいっぱいになりました！

はなゑ　そういうご報告も、あったかい気持ちになってうれしいよね〜。

あと、はなゑ隊の檄文合戦にいつも参加してくれている、学校へ行っていない中学生の男の子のことも紹介したいな。

その子の雄叫びって、それはもう圧倒的な迫力があって、檄文合戦では居並ぶ大人たち顔負けなの。あっという間に師範の資格も取得し、今は自分で道場も開いているんです。すごいでしょう？

不登校と言うと、世間では学ぶことをあきらめたとか、社会とのつながりを断ち切ったみたいな印象があるかもしれないけど、全然そんなんじゃありません。めちゃくちゃパワフルで、自分らしい最高の時間を生きている子です。

だって自分から「道場師範」というリーダーを目指し、実際にそれをやり遂げ、中学生の子が大勢の大人たちをまとめているんですよ。本当にたくましいし、堂々としていて、オーラもハンパない。

一人さんも、いつもその子の姿を見て言います。

「行きたくもない学校で勉強するより、よっぽどリーダーシップが育ってるよ。大人を相手に、こんなすごい英才教育はないね」

私もみんなも、「こんな子がいてくれたら、日本の将来は絶対だいじょうぶだ！」って、魂が震えちゃうの。

でもね、もともとその子もゲームが手放せない生活だったそうなんです。それがお母さんの影響で檄文に出合い、それこそ一人さんの言うビッグバンが彼のなかで起きたんだね。まさに、魂が求めているものに出合ったのでしょう。

タツヤ もう少し年齢的には上になるけど、高校2年生の子も、檄文で人生観が変わったと教えてくれました。

ずっと人目が気になって生きづらかったけれど、今は同級生のことも、いい意味で無関心になれるって。自分のためになること、人の役に立つこと、社会の利益になることの方に目が向くようになったから、同級生のささいな言動に振り回されなくなったそうです。

その子は数学が好きなのですが、好きなことに没頭する自分も認められるようになったことで、余計なことを気にせず大好きな数学に集中したんだって。そうしたら、数学だけでなく国語の成績まで上がったのだとか。

また、数学好きの同級生と親しくなり、学生生活がすごく楽しくなったそうです。勉強が苦手な子は、勉強以外の世界で自分らしく成功の道を進む。勉強が好きな子は、その道を進むことで楽しく成功する。

檄文があれば、それぞれがいちばん幸せな世界で生きられるんだなぁと、改めて感じるエピソードでした。

もつれていた人間関係がスカッと解決

はなゑ　ある人から寄せられたお話です。

「うちの職場に、ちょっと認知症が入っているクレーマーのおじいさんがよく来るんです。その日もカウンターで怒鳴り始めたので、こっそり小声で檄文を唱えたところ、すぐに帰られました。最速〜（笑）。

うろ覚えの檄文で、ちょこちょこ言い間違えたり飛ばしたりしながら唱えたのですが、それでも効果があるんですね」

そうなんです！　檄文には一字一句間違えてはいけないという決まりはなく、ミスしてもしなくても、同じようにパワーがもらえます。

タツヤ　今の話に似たエピソードもありましたね。
ある人の親戚は、いわゆる霊感の強いタイプで、霊に取り憑かれたりするらしいんです。その愚痴を吐き出したいのか、しょっちゅう電話をかけてきたり、手紙を送ってきたり。正直、その人はすごく気が滅入っていたんだって。
それが檄文を始めたら、親戚からの連絡がピタッと止まった。不思議に思って久しぶりに様子を聞いてみると、「この頃、ヘンな現象もなくてすごく調子がいいの～♪」だって（笑）。

「自分の波動が高くなると、周りの波動も上がる」という典型的な例だよね。

うっちー　檄文を始めたら、最悪の関係だった相手が、急にフレンドリーに接してくるようになったという人もいます。絶対に修復不可能な関係だとあきらめていただけに、相手の変貌ぶりに拍子抜けしたそうです（笑）。

ほかにも、ずっといい関係を築けなかった親御さんとの関係が、檄文で修復されたケースもあります。

そのかたのお父さんが、ある日、「お前は言うことを聞かない難しい子だな。出ていけ！」と怒鳴ってきたので、たまらず「うるさい！　私はお父さんの奴隷になるために生まれてきたんじゃない！」と思いっきり言い返したそうです。

すると、なんとびっくり。それ以来、お父さんの機嫌がすこぶるいいのだとか。

お父さんは、そのかたが「我慢しないで言い返す」ことを学ぶために、ずっと嫌な役を演じてくれていたのかもしれませんね。

マキ　では、私はシメに楽しくなるようなエピソードを。
彼氏いない歴35年に終止符を打って恋人ができたけれど、残念ながらその人とは破局。またこのまま1人かぁ……なんて思っていたら、檄文を始めた途端、立て続けに2件も紹介話があったという女性がいて。

今回は好みの男性ではなくお断りしたそうですが、引き続き檄文合戦に参加しながら、次の出会いを天にオーダーしているそうですよ♡

いつも楽しそうに檄文合戦に参加されている女性ですので、彼女ならきっと、近いうちに素敵なお相手に出会えるんじゃないかな〜。みんなで応援しています！

あわや大惨事……神に守られた奇跡の数々

はなゑ　檄文って、危険から守られるケースもすごく多いよね。

ある人は、家族みんなで車に乗っているときにトラックが横から突っ込んできて、車が横転。廃車になるほどのダメージだったにもかかわらず、トラックが突っ込んだ場所には誰も座っておらず、全員ほぼ無傷で済んだそう。

車が横転したのに無傷っていうだけでもすごいのですが、もっと驚くのは、トラックが突っ込んだ場所には、実はもともと座っている家族がいたということ。なんと事故の直前に、たまたま席を移動して命拾いしたんです。

うっちー　それはすごい！　僕、ちょっと背筋がゾクゾクします（笑）。

でも、ほかにも同じようなエピソードがいくつもあるんです。

ショッピングモールの駐車場で車が人にぶつかり血の気が引いたけど、相手は「サイドミラーに当たっただけ。だいじょうぶ！」とのことで、なんともなかったとか。

また、走行中に突然、別の車が出てきて、咄嗟（とっさ）に急ブレーキをかけたところ、間一髪でぶつからずに済んだかたもいました。一瞬でもブレーキを踏むのが遅れたら、間違いなく事故を起こしていた状況だったそうです。

いずれも、何か大きな力に守られているとしか思えない出来事ですね。

タツヤ　あとさ、こんな人もいるよ。

車に乗っているときに、お昼の檄文合戦に参加したいから一時停車できる場所を探したんだけど、適当な場所がなかなか見つからない。仕方がないので、その日はYouTubeにつないで聞くだけにしたんだそうです。

それで檄文合戦を聞きながら無事に目的地に到着し、車を停めたところ、数メートル先で自転車に乗ったおばあさんが派手に転んだらしくて。おばあさん、自転車の下敷きになっちゃったの。

これはマズい、大怪我をしたかもと慌てて車を飛び出し、「だいじょうぶですか⁉」と声をかけたんです。そしたらなんとそのおばあさん、どこにも怪我をしてなくて。しばらくすると自力で起き上がり、そのまま帰っていったそうです。

マキ　檄文で波動が上がった人は、行く先々で奇跡を起こしますよね！　おばあさんも、いい波動に守られて本当にツイてましたね〜。

ちなみに、これから言うのは交通事故とはちょっと別の意味で救われた話です。ある人の仕事関係者が重要な書類をなくしてしまい、もし書類が見つからなかった場合は、数十億円という大損害を被る状況になったそうです。もう、生きた心地がしませんよね。

すでに心当たりの場所は散々探したのですが、「もう一度、探してみよう」ということであちこち確認し直してみると、何度も見たはずの場所で書類を発見したのだとか。

ちなみにこの日は、そのかたが檄文合戦で8つの檄文を読み終わったタイミングでした。

また別の報告では、ご主人の実家が振り込め詐欺に遭っていたことが判明。すでに100万円をだまし取られていたけれど、親御さんはまさにその日も追加でお金を渡してしまうところだったので、それを食い止められてよかったというお話もあります。

檄文の波動でビリビリしびれる！

はなゑ　檄文合戦の場でも、不思議な現象がよく起きるよね。
檄文合戦はオンラインでのイベントですが、波動はオンラインやオフライン（直接対面）に関係なく伝わるので、それこそあちこちでいろんなことが同時多発的に起きている（笑）。

マキ　顔認証で立ち上がるパソコンが、いつもなら一発で開くのに、檄文合戦のときはなぜかまったく認識してくれないとか、それまでなんの問題もなくつながっていたＷｉ－Ｆｉ（無線通信）が、急に切れやすくなってうまくつながらないとか。

はなゑ　購入して間もないＷｉ－Ｆｉルータ（無線接続のための機器）が壊れ、業者に電話で状況を伝えると、「まるで雷が落ちたような状態」「まだ新しいのに、その壊れ方はおかしい」と言われた人もいたなぁ。

タツヤ　檄文合戦を開催しているこちらの画面では、参加者全員の顔が見られるのですが、檄文の読み上げが始まると頻繁に電波障害が起きるようで、急に画面から消えちゃう人が続出（笑）。

画面が緑色になったり、白く光ったりすることもあるね。

うっちー　そうなんですよ。途中でガサガサ変な音がしたり、檄文を読み上げている人の音声が不自然な感じでプツッと切れたりもします。
ある人は、ケータイから参加していたときに突然スマホが発熱し、そのままフリーズして電源が落ちたそうです。何度電源を入れ直してもその繰り返しなので、ケータイが壊れたのだと思っていたら、檄文合戦が終わるとまた普通に使えるようになったと言います。

マキ　扇風機などの家電が、急に動かなくなるケースもありますよね。
あと、檄文合戦が始まった途端に大雨&すさまじい稲光が走ったとか。その反対に、それまで降っていた雨がウソのように上がって爽やかな晴れ間を見せたなど、空模様まで不思議な現象が起きることもあります。

タツヤ　檄文を叫ぶ人間の方にも、いろんな感覚があります。

全身や手のひらで、檄文の波動をビリビリとしびれのように感じる。

雄叫びをあげている人を見ているだけで、体が静電気を帯びたときのような膜を感じ、強烈なエネルギーがバリバリ放電されているのがわかる。

檄文合戦中はやたらトイレに行きたくなる人もいるし、鳥肌が立ってしょうがないという人もいますね。

人それぞれ、いろんな形で檄文の波動を実感しているようです。

うっちー　なかでも、初陣のかたは劇的に波動が変わるみたいで、わけもなく号泣しちゃったり、魂が震える感覚なんかも同時にあったりするので、みなさん「何これ⁉」ってびっくりしていています（笑）。

はなゑ　だけどそれらは、どれも悪いものではなくて。自分やその場が浄化されていることの現れだから、心配ありません。
きっとみんな、宇宙に飛んじゃってるんだね（笑）。

そういえば、「電車がトラブルで止まったとき、マスクのなかで小さく檄文を唱えていたら、すぐに電車が動き出した」「真夏の夜に突然停電になり困ったが、檄文を読み上げるとたちまち復旧した」といったエピソードもありました。

檄文はたまに電波障害を起こすけれど（笑）、逆に、トラブルを起こした精密機器を修復する力もあるのかもしれませんね。

想定外の美容効果に女性たちが歓喜♪

はなゑ　ご紹介してきたように、檄文の力はさまざまな場面で発揮されているのですが、実は私たちもまったく想定していなかった、女性にうれしい効果もあって。

たとえば、「ダイエットしてもいないのに、勝手にやせていた」などです。

これは雄叫びをあげる人の方が効果は高いと思うのですが、大きな声を出すときって、すごく腹筋を使うんですよね。だから、まずお腹がスッキリしてくる。

また、腹筋は体のなかでも大きな筋肉の部類に入りますので、腹筋が鍛えられてくると基礎代謝も上がり、体全体も自然に絞られてくるみたいですね。

マキ　檄文合戦の参加者に聞くと、するっと2〜3kgやせた人が何人もいます。あと、「檄文を唱えるとパワーが入るのか、なぜかおなかがすきません」というかたもいらっしゃり、過剰な食欲が抑えられたりするケースもあるようです。

それから、檄文合戦ではほかの人が檄文を読み上げるたびに、全員で「オ〜！」って叫びながら拳を振り上げます。おかげで、二の腕が引き締まったという声も。二の腕はダイエットやトレーニングで絞るのがすごく難しいパーツなので、これはめちゃくちゃテンション上がります！

タツヤ　女性たちの間で、「檄文ダイエット」がすごい盛り上がってるよね（笑）。というか、みんな肌ツヤなんかもよくなっているんじゃない？　なんか最近、檄文合戦に参加している人たちがきれいになったと思うなぁ。

うっちー　それ、僕も思います！　雄叫びを聞いていると男性顔負けのパワーがあるんですけど（笑）、みなさんどんどんきれいになっていて、そのギャップも魅力ですよね。

はなゑ　声を出すと血行も促されるのか、くすみが取れて色白になったり、透明感が出たりと、顔色がすごくよくなるの。ツヤも出てくるし。

なかには目力までついてきたっていう人もいます。

面白いのは、「檄文を読み上げるようになってから、写真を撮るとすごく綺麗に写ります！」という人もいて。これもうれしいよね〜。

若い女性は肌のくすみなんかもそれほど気にならないと思うのですが、「一カ月ぶりに会った人から、〝急に大人っぽくなったね〟〝大人の色気が漂ってる〟なんて褒められちゃいました！」という、別の効果に喜んでいる人もいますよ。

マキ　ある女性は、高齢のお姑（しゅうと）さんに檄文援軍を送ってあげたそうなのですが、真っ白の髪の毛のなかに、黒い髪の毛が生え始めて驚いています。

ちなみに、これはちょっと美容には関係ない話なのですが。

細身の女性から、「檄文で雄叫びをあげているうちに、すごく力持ちになりました」という報告もありました。以前はどうやっても持ち上げられなかった重いミシンが、最近は1人でひょいと移動させられるのだとか。

檄文効果で、美しくたくましい、かっこいい女性がどんどん増えそうですね!

売上げが激増! 臨時収入80万円!

はなゑ ある人が、檄文合戦のときにすごく興味深い体験をしたそうです。
みんなの雄叫びを聞いているうちに、急に耐えきれないほどの睡魔に襲われ、ついうとうとしちゃったんですって。それでハッと気づいて「ヤバい、だいぶ寝ちゃった!?」と焦ったんだけど、さっきと同じ人がまだ同じ檄文を読んでいたっていう。

マキ　寝不足でもないのに、檄文合戦の時間になると急に眠くなる人、ほかにもいましたね。でもそのかたも、うっかり居眠りをしたような気がしても、実際にはほとんど時間が経（た）っていなかったとおっしゃっていました。

檄文の波動を浴びると、時空を飛んじゃうのかしら？（笑）

はなゑ　波動が高くなると時空を超えることがあるから、やっぱりそういうことかもしれないね～。

タツヤ　あと、地震も起きてないのに食器棚が突然倒れて、なかに入っていた食器がほとんど割れちゃったという女性もいました。ところが、なぜかどの食器も1組ずつ無事だったらしいんです。

実はそのかた、1人暮らしなのにたくさん食器を持っていました。

だからこの出来事も、「檄文で心のゴミを出し切ったから、現実の世界でも不要なものを処分するようにと壊れたのかもしれません」という解釈をしたようです。

うっちー　同じような話では、地震で揺れたわけでもないのに本棚の本が落下したというかたもいらっしゃいますよね。

マキ　そうそう、不思議な話と言えば、私たちにもあります。

ある日の檄文合戦のとき、「トン、トン、トン」と3回音がしたんです。誰か来たのかなと思い、オフィスのエントランスに行ってみたのですが、誰もいなくて……。

はなゑ　あれはなんだったんだろうね？　その音がYouTube（※）に残っているので、後で聞き返してみたんだけど、なんだか古い時代の木戸を叩く音に似ていて。少なくとも、うちのオフィスでは聞いたことのない音っていうか。

ひょっとして、どこかの武将が訪ねていらっしゃったの!?　って（笑）。

怖いとかそういう感覚はまったくないので、「浄化してくれてありがとう」というのを音で伝えてくれたのかな～、なんて前向きに解釈しています。

タツヤ ほかの参加者さんからも、夜中に「コンコン」と音が鳴った、みたいな報告が何個かあるよね。イメージのなかに真田幸村(さなだゆきむら)や上杉謙信(うえすぎけんしん)が浮かぶという人もいるので、やっぱりあちこちに武将が出没してるのかな？（笑）
あと、実家のお仏壇に飾ってある、亡くなられたお父さんの写真が悲しそうな表情でつらかったけど、檄文を始めたら、写真の顔が笑っているように見える。なんてエピソードもあります。

はなゑ この前、マキちゃんと一緒に海へ行ったら、急にケータイのYouTubeが起動して、檄文がバッグから急に鳴り出したんです。後から聞いたら、そこの場所は激戦地だったということです。

檄文合戦中に龍神様が出てきて、「祭りだ〜！」って大はしゃぎで部屋のなかを泳ぎまくったのが見えた人もいたよね。

しょっちゅう悪夢を見てうなされていた人が、檄文を始めてからは、ハッピーエンドの夢に変わったというお話もあります。

うっちー　久しぶりの海外旅行でハワイに行った人からは、「運悪く台風が迫っていたのですが、毎朝ビーチで檄文を雄叫びしていたら、台風のルートがそれてほとんど影響がありませんでした」というご報告もありました。

1週間のハワイ滞在中、夜中は土砂降りなのに、朝までには雨がピタッと止んで、行きたかった観光スポットを全部まわれたそうですよ。

はなゑ　ずっと会いたいと思っていた大好きなタレントさんを、ついに間近で見ることができたと大喜びしているかたもいますね♡

3年前になくしてずっと探していた大事な印鑑が、なぜか急に見つかったという人もいました。

マキ　商売をされているかたからは、「檄文を始めたら、売上げが3～4倍に激増しました！」という報告もありましたね〜。

まだ入社して1年も経っていない職場で、いきなり店長に抜擢(ばってき)されたうえ、お給料も上がったという喜びの声もいただいています。

タツヤ　そういう話、いっぱいあるよ。おばあさんから生前贈与の話があったとか、臨時収入が80万円入ってきたとかという人もいて、みんなザワついてたなぁ（笑）。旦那さん（奥さん）が急にお小遣いをくれたとか、ゴルフコンペでひどい結果だったにもかかわらず、「特別賞」がもらえて1万円の商品券をゲットしたとか。

うっちー　人に貸したお金が戻ってきた、1カ月遅れの誕生日祝いをしてもらえた、新しい仕事が決まった……などなど、こまかいエピソードまで挙げたらきりがありません。

貸し部屋をされているかたが、「なかなか借り手が見つからなかったのに、ついに入居者さんが決まりました！」という報告をくださったり。

はなゑ　檄文合戦に参加されているかたがたからは、今も続々と奇跡のエピソードが寄せられていますが、こうした幸運は私たちだけに起きるものではありません。

今この本を手に取ってくださったあなたにも、ここでご紹介したような……いえ、それ以上の奇跡だって起きるかもしれないのです。

檄文を信じて唱えた人から、新しい人生がはじまる。

みなさんも、檄文で明るい未来を存分に手に入れてくださいね！


（※）下のYouTube動画の、1時間11分38秒のところで「トン、トン、トン」と音がします。ごく小さな音のため、聞いてみたい人は少しボリュームを上げるといいでしょう。

【特別提言】

今後の日本を一人さんが大予想！

――日本経済はこれからひとり勝ちなんだ

斎藤一人

円安をきっかけにこの国はますます成長する

はい、一人さんです。

私はいつも、世の中を明るい目で見ています。

起きる出来事にはいいことも悪いこともあるけれど、私は常に、明るい未来につながる道しか見ていない。

そんな一人さんの視点で、これからの話をして欲しいっていうご要望がたくさんの人から寄せられたので、今回は少し踏み込んだ話をしてみようと思う。

ただ、人それぞれ考えや思いは違うものです。

ここでお伝えすることはあくまでも一人さんの意見ですから、参考までにとどめてもらい、あなたにとっての正解の道は、あなた自身で探してくださいね。

それではまず、これからの日本経済についてです。

このところ記録的な円安が続き、戦争やコロナ禍といった世界情勢により、物価も跳ね上がっている。ニュースでは景気の悪い話が目立つので、不安になっている人も多いと思うけど、一人さんはこの状況を少しも心配していないんです。

もちろん円安や物価高で悪影響を受ける業界はあるし、一人さんもそのことはよくわかっているよ。でもね、そういう大変なところばかりが報道されて目立つだけで、実際はそうじゃないこともたくさんあるの。

たとえば円安について言えば、今の状況がこのまま続けば、実は日本のひとり勝ちになっちゃうんだよ。円安がすごい追い風になって、景気がどんどんよくなる。

世の中には円安を害悪のように言う人もいるけれど、一人さんはそんなわけないと思っています。

日本は絶対にだいじょうぶだし、これをきっかけに、この国はますます成長する。

だから、円安が悪いという情報に踊らされてはいけないし、このことでめったやたらに税金を上げるとか、そんなことはしない方がいい。

今のまま行くのが、日本にとっていちばんだと思います。

じゃあどうして円安だと日本のひとり勝ちになるんですかって言うと、今、日本でも物価が上がってみんな大変だと感じているかもしれないけど、**海外の物価高って日本の比じゃないんです。**

それこそアメリカの都心部では、アパートなんかの家賃も値上げ続きで、東京の何倍もするって言うでしょ？　外食すれば、ラーメン1杯に3000円。シンプルなパンケーキにコーヒーをつけたら、5000円くらいするのが当たり前なんだって。

じゃあ自炊すればいいじゃないかって、スーパーでも牛乳1本（1ガロン＝3・78ℓ）、卵ひとパック（12個）がそれぞれ1300円くらいするっていうニュースも見たよ。

あれもこれも価格が急騰していて、節約のしようがないんです。

ちょっと前のイギリスでは、このままだと一般家庭の光熱費（ガスと電気）が1

カ月5万円ほどかかる見通しだと聞いて、一人さんもびっくりしました。

こんなふうに、どの国も生活するのが大変になっているの。


もちろん、日本でも物価は上がっているけど、もっと大変なところと比べたら、かなり暮らしやすいんじゃないかな。

あと、外国人にしてみれば日本でモノを買うことが相当安く感じるよね。

そのうえ円安だから、ドルやなんかで決済する外国人にとっては、ますますお得なんです。ホテルの宿泊費から外食代から、日本全国すべてのお店が激安ショップみたくなっている。

今はコロナ禍でまだ外国人旅行客も少ないけど、そのなかでも来日した人は、あまりのおトクぶりにびっくりするわけ。

しかも、日本は抜群に治安がいい。おもてなしの心も世界トップクラスで、外国人にとってこんな魅力的な国はないんだよ。

コロナ禍がもう少し落ち着けば、インバウンド（日本を訪れる外国人観光客）で日本経済は相当に潤うと思います。

いっぽうで、インバウンドだけでなく、海外企業にとっても日本は魅力的です。日本製品は質が高いことで知られているし、もともとブランド力がある。農産物や畜産物もおいしいから、海外では奪い合いになるほどの人気なの。そんなジャパンブランドが低価格で買えるとなれば、世界中から注文が殺到するに決まっているよね。

それに日本人は、信頼を大切にする真面目な国民性です。約束したことはちゃんと守るし、手抜きもしない。海外では、自分の都合で勝手に契約を反故にする企業なんかも見かけるけど、日本企業はそういうことをしません。

相手の立場でものごとを考え、お互いに気持ちよく取引する努力もするんだよね。

今、世界的な資源不足やコロナ禍の影響なんかで物流が止まったりして、半導体や資材が届かないとかっていろんな問題がある。だけど日本人は、そんななかでも自分たちができる精一杯のことをして、なんとか約束を守ろうとするんだよ。

はっきり言って、こんなに誠実な国はないと思うよ。

物価にしてもさ、日本は長らくデフレ（物価安で景気が悪くなる現象）に苦しんできたでしょ？　それこそ、1990年代半ば頃から、ずっとデフレ下にあると言われていて、お給料もなかなか上がってこなかった。

それが物価高になるということは、脱デフレのチャンスでもあるの。

今は資源不足で物価が上昇しているけれど、いずれ資源の供給が行き渡るようになって資源価格が下がれば、その分、企業は増収になる。会社が儲かれば、そこで働く社員の給料だって上がるでしょ？

一時的には物価高は苦しいかもしれないけど、俯瞰（ふかん）してみたら、決して悪い面ばかりじゃない。**そこには必ず、明るい未来の兆しがあるんです。**

一人さんにしては、珍しく長話をしちゃったね（笑）。

結局何が言いたかったんですかって、日本や日本人はもともと潜在能力が高くて、それがいっそう評価される時代になるよって話なの。

日本という船は絶対に沈まないどころか、ものすごい活気で世界を牽引（けんいん）するリーダー国になる。間違いないんです。

こういうのって、ニュースでは流れない話かもしれません。けど真実とは、往々にして見えにくいものだよ。

檄文であなたも時代の波に乗りな

さっきの話で勘違いする人がいるかもしれないので、大事なことをここでお伝えしておきます。

あのね、一人さんは、「日本はこれからひとり勝ちになる」と予想しているけど、それは「あなたも間違いなく豊かになる」という意味ではないんです。

世界のなかで日本の発展が際立つのは確かだし、すでにニュースでも「日本企業の収益が過去最高を記録」と報じられるなど、数字の上でもしっかりとそのことが証明されつつある。

だけど、そのこととあなたの資産が増えるのはまた別の話なんです。ここは間違えちゃいけないの。

ただね、これもすごく重要なことだけど、あなたが明るく楽しい波動を出していれば、日本の未来と同じく、あなた自身の人生も明るくなります。大成功して、うんと豊かになるんだよね。

その反対に、貧乏波動（ネガティブな考えにとらわれたマイナス波動）ばかり出している人は、どんなに日本がひとり勝ちしようと、なぜかあなたはよくならないっていう現象が起きちゃうんです。

ここがいくら素晴らしい天国でも、そのなかで不幸なことばかり考えている人は、天国にいながら不幸なんだよ。周りはみんな天国なのに、なぜかそういう人がいる場所だけ、天国じゃなくなっちゃう。
それくらい、波動には強い力があります。
じゃあ暗い波動の人はどうするんですかって、そのために檄文があるんだ。

檄文で自分の殻を破りな。
強い波動を受けて、自分の思う通りに生きてごらん。
それであなたも時代の波に乗れるし、日本とともに成功の道を進めるからね。

人生で大事なのは愛のある強さだよ

多くの人は、仕事をすごく大変なものだと思っています。だから、楽しく働きながら納税日本一になった一人さんに、「どうやったら仕事がうまくいきますか？」「成功する方法を教えてください」って聞きにくるんだよね。

確かに、一人さんにとって仕事は少しも大変なものではありません。簡単で楽しいのが、私にとっての仕事です。

これは自慢でもなんでもなくて、本当のことだから言うんだけど。

一人さんって、やることなすこと全部うまくいくんです。人生も仕事も、成功か大成功しかありません。

だけどそれは、私の能力が高いとか、センスがあるとか、そういうことではない。

一人さんだって、みんなと同じ「普通の人間」なんだよ。

ただ、**私はみんなより、「愛のある強さ」を持っていたから成功したん**だと思います。


生きていれば、大なり小なり嫌なことがある。そのすべてにいちいち振り回されていると、きりがないでしょ？　人生はあっという間に過ぎていくのに、嫌なことばかりに気を取られていて成功できるわけがないよね。

その点、愛のある強さを持っていると、細かいことなんか気にならないんです。

いつも愛の視点からものごとを見ていると、ネガティブなことが起きても、それを明るく解釈するんだよね。波動が軽いの。

だから「まぁ、こういうときもあるでしょ」って受け流せるんだね。

実は、人生においていちばん大事なのってそこなんです。


特に仕事の場合は、いろんな人の利害関係が複雑に絡み合う場面も多い。立場によってみんなの意見が違えば、問題だって起きやすいでしょ？

でもさ、それにいちいち振り回されてたんじゃ仕事は進まない。

考えの相違、起きた問題を軽く考え、みんながトクすることを、楽しく追及できるかどうかが成功の秘訣なんです。

これは、どんな仕事にも通じることだと思います。

で、愛のある強さを身につけたいんだったら、今なら檄文がいちばんパワーがあるよって。それをみんなにお伝えしてるわけだから、成功したい人はやってみたらいいんだよね。

あれこれ理屈を並べなくても、檄文なら誰でも一発で波動が変わる。

ただ唱えているだけで、勝手に愛のある強さが持てるようになるから。

実際にね、檄文合戦の参加者でも、商売をやっている人たちからいろんな報告があるんです。

「お客さんから、いきなり15万円分の注文が入りました！」

「10年ぶりのお客様がひょっこり来て、ウン万円もお買い上げいただきました！」

「家業で扱っている商品に似たものがテレビで紹介され、徹夜で梱包作業をしないと間に合わないほど注文が殺到しています！」

などなど。檄文を読み上げていると、こういうことがサラッと起きる。

あなたも試してみたらわかると思います。

一人さんの投資先は自分や自分の会社なんだ

これは日本に限った話ではないと思うけど、最近、国が個人に向けて積極的な資産運用を勧めているんだよね。それを、「これからは国に頼らず、自分の暮らしは自分でなんとかしてください」というメッセージだと受け止めている人がけっこういるみたいなんです。

一人さんのところにも、

「投資のやり方がわからない人はどうしたらいいんですか？」

「投資をするゆとりがないのに、どうしたらいいんですか？」

みたいな質問が寄せられたので、ここでお答えしてみようと思います。

まず大前提としてお伝えしておきますが、日本という国はセーフティネットが充実していて、生活保護のような、困ったときに頼れる仕組みもあります。健康保険だって、ちゃんと機能しているでしょ？

だから国が資産運用を勧めていると言っても、それは決して国民を見放したわけじゃない。心配しなくていいんです。

そのうえで投資について言うと、一人さんは昔から一貫して、投資は一切やりません。だから投資のテクニックとか、お勧め銘柄を教えてくださいとか、そういう話はできないんです。

私はね、骨の髄まで商人なの。

つまり一人さんは商いで結果を出したいし、お金もうけをするんだったら商いという選択肢しかない。商いで豊かになり、商いを通じて成功したいんだよ。

みんなに喜ばれる商品を作って、それで神様からの「よくできました」っていうマルとして、お金を受け取りたい。それが私にとってのいちばんの喜びなんです。

投資が好きだとか嫌いだとかって話じゃなく、事業で成功するのが好きだから、一人さんは投資をしないだけ。

というか、事業だって投資のうちだよね。投資先が、自分や自分の会社ってだけで。

だから、もちろんほかの人が投資をすることに反対意見なんてないし、経済的な余裕があって、投資が好きな人は、いくらでもしたらいいよね。もちろん自己責任だけど、自分のできる範囲のなかで投資する分には、なんの問題もないと思います。

そして投資に気が進まない人は、別の道で豊かになることを考えたらいい。それだけの話なんだ。

政府が投資を勧めるからといって、全員が投資しなきゃいけないわけでもないしね。


それでね、投資が苦手な人、資金的な余裕がない人は、まずはお金のかからない檄文に挑戦してみたらいいと思いますよ。

檄文を読み上げて、自分の波動を変えること。

だってさ、今あなたがお金の不安を抱えているんだとしたら、それはあなたが「お金のない波動」だと思うから。お金のない波動のままで何かしようとしても、さらにお金がなくなっちゃうリスクがあるんです。

人生は波動なの。まず波動から変えなきゃ、豊かさは入ってこないんだ。

日本という国は本当に素晴らしいんです

最近、日本では政治にまつわる話題でもちきりだけど、一人さんは日本の政治家ってすごく優秀だと思っているし、こんなにいい国もないと思っているんです。

なぜかと言うと、日本ではみんな平気で政治家の批判をするでしょ？　誹謗中傷みたいなのはダメだけど、総理大臣や国の重鎮を批判しても、そのことで刑務所に入れられることはない。

政治の世界にはいろんな政党や派閥があって、それぞれ考え方も、言い分も違うわけだけど、力を持つ政治家の批判をした人がいても拘束されることはない。

これって、すごくまともな国であることの証なんです。

外国やなんかでは、リーダーを悪く言うことがゆるされないところもたくさんあるよ。国のトップをちょっと批判しただけで処罰を受けたり、場合によっては行方不明になったりすることもあるんです。

そういうのがないということは、自由な意見交換ができる風通しのいい国なの。日本しか見てないとわからないかもしれないけど、この国はかなり言論の自由があるし、寛容なんです。


それとね、政治家だって人間なの。

人間に完璧はないから、政治家にそれを求めるのは無理なんです。悪いところのない清廉潔白な人なんて、どこを探してもいません。

もちろん、汚職だとか職権乱用だとか、そういうのはいけないことだし、決して肯定するわけじゃないよ。でも実際のところ、日本の汚職なんてまだマシなの。よその国へ行ってごらんよ、こんなもんじゃないから。

外国のなかには、トップが国のお金をごっそり自分の資産にしちゃって、贅沢三昧（ぜいたくざんまい）している国もあるんです。官僚がズルばっかりしてる国もある。

そう思うと、日本の政治家やお役人はすごく真面目だし、国のためを思って一生懸命やってくれている。なかには問題のある人もいるだろうけど、ほとんどの人はちゃんとしています。

警察（検察）にしても、しっかり国民を守ってくれてるの。警察自体がまともに機能しない国だってたくさんあるなか、日本の警察官はみんな使命感を持って働いています。

日本は、素晴らしい国家なんです。

一人さんはね、政治も何もかも含めて、日本という国が好きなんです。日本人のことも大好きなんだよ。

私は日本でいちばん、日本が好きな日本人なの。自分でそう思っているんだよね。ということは、日本の方も私のことが好きに違いないと思うわけ。誰だって、自分を熱烈に好いてくれる人のことは大切にしたいものでしょ？

日本の悪口を言いながら、日本で出世しようとしても無理なんです。こちらはあなたの悪口を言うけど、あなたは私に尽くしてくださいねって、そんな都合のいい話はない（笑）。

その点、一人さんは誰よりも日本が好きで、この国をもっともっと幸せな人であふれさせたいから税金も喜んで払うし、檄文だってボランティアで広めようと思うの。

で、それだけ日本のことを愛しているから、私は日本でいちばん幸せになれたんだと思っています。

檄文で怖れの心を手放しな

世の中では、いろんなことが起きます。長引くコロナ禍もそうだし、重大事件だとか、世界を震撼（しんかん）させることも起きるんだよね。

でもそういうのは、今に始まったことじゃない。疫病だって昔から幾度となく流行（はや）ってきたし、ときには要人が殺されることもある。

それで何が言いたいんですかって、檄文を知ってる人は強いから、そういう暗いニュースに怯(おび)えることがないの。

社会で何が起きようと、自分がすべきことを淡々と進めるだけ。淡々というか、周りがみんな暗い顔をしていたとしても、自分だけは明るくいるぞって、いつも通り幸せの道を進むの。

檄文の波動をもらっていると、それが当たり前にできるようになるんです。

コロナ禍にしてもさ、第6波だの第7波だのって言うと、「こんなに長引いて……」と不安になるかもしれないけど、ちょっと引いて見てごらんよ。流行当初に比べたら、ずいぶん弱毒化しているでしょ?

以前は今ほど感染者が多くなかったのに、それでもロックダウンだとか、飲食店はお酒を提供しないとか、いろいろあったじゃない。

だけどもう旅行にも出かけられるよね。北海道でも九州でも、そして海外旅行をする人も増えてきている。イベントなんかでも、厳しい人数制限はなくなりました。

怖がらないでいると、そうやって真実が見えてくるんだよ。

もちろん、感染者の数が増えたことで救急車が足りなくなったとか、医療の逼迫(ひっぱく)だとか、そういう問題があるのなら改善していかなきゃいけません。

でも今は、感染したときの致死率はそう高いわけじゃない。過剰に怖れる必要はないんです。


世間には一定数、必要以上にみんなを怖がらせようとする人がいるの。そうすることが、その人のメリットになるんだよね。

だけど、**しっかり真実を見ていれば、惑わされることはありません。**

一人さんはずっと言い続けているけど、なんでも「正しく怖れる」ことが大事なの。

大きなインパクトを与える出来事があると、それに伴ういろんな情報が錯綜(さくそう)するから、つい振り回されやすいんだけど、これもやっぱり同じです。

それに引っかかったり振り回されたりするのって、怖がり過ぎてる人なんだよね。

檄文で、怖れの心を手放しな。

愛の視点で世の中を見てごらん。

今とはまったく違って見えるはずだから、もう怖い話に振り回されることはなくなるよ。

はなゑさんからの　おわりに

人は、「愛」と「強さ」の両方がなければ幸せになれません。

どちらもバランスよく持っていることが大事です。

でもそれは、自力でなんとかしようとしても難しい。

だから世の中には、生きることがつらくて悩んでる人がたくさんいるわけです。


そんな人たちに贈るのが、檄文です。

檄文の力を借りれば、いとも簡単に愛と強さが手に入ります。

檄文を読み上げるだけで、アンバランスな状態がビシッと最適化され、嫌なものは嫌だと、自分の気持ちをハッキリ言えるようになる。

しかも、誰も傷つけることなく、爽やかに。

つまり、「一人さん化」「はなゑ化」してくるわけですね（笑）。

檄文を唱えていると、古い時代の武将をはじめとする、檄文が大好物の魂たちも駆けつけ、あなたの守護神となってくれます。

あなたが幸せに、豊かになるよう、守護神たちが全力で背中を押してくれる。

ここまでお膳立てされて、幸せになれないはずがありませんよね。

みなさんの人生が、檄文パワーで最高に輝かしいものとなりますように。

私たちは、いつも応援しています。

最後までお読みいただき、ありがとうございました。

舛岡はなゑ

一人さんからの おわりに

この本は、どの出版社からも出したいという手が上がらなければ、一人さんが自費出版してもいいと考えていました。

正直言って、そんなふうに思うことは初めてです。

なぜそこまでして、この本を世の中に送り出したかったのか。

それは、一人さんが檄文に無限の可能性を感じているからです。

檄文には、過去に例を見ないほどの強い言霊が宿っていて、これを知っているかどうかで人生の質や充実度がまったく違ってきます。

しかも、１人が檄文を読み出すと、１００人もの波動が変わる。

ケタ違いのスピードで、地球に幸せな人が増えていく。

だからどうしても、この檄文を世の中に届けたかったんです。
世界が変わっていくのを、みんなで一緒に見ていこうね。
一人さんも、最高の波動を出し続けます。

さいとうひとり

雄大な北の大地で「ひとりさん観音」に出会えます

北海道河東郡上士幌町上士幌

ひとりさん観音

柴村恵美子さん（斎藤一人さんの弟子）が、生まれ故郷である北海道・上士幌町（かみしほろちょう）の丘に建立した、一人さんそっくりの美しい観音様。夜になると、一人さんが寄付した照明で観音様がオレンジ色にライトアップされ、昼間とはまた違った幻想的な姿になります。

記念碑

ひとりさん観音の建立から23年目に、白光の剣（※）とともに建立された「大丈夫」記念碑。一人さんの愛の波動が込められており、訪れる人の心を軽くしてくれます。

（※）千葉県香取市にある「香取神宮」の御祭神・経津主大神（ふつぬしのおおかみ）の剣。闇を払い、明るい未来を切り開く剣とされている。

「ひとりさん観音」にお参りをすると、願い事が叶うと評判です。そのときのあなたに必要な、一人さんのメッセージカードも引けますよ。

そのほかの一人さんスポット

ついてる鳥居：最上三十三観音 第２番 山寺（宝珠山 千手院）

山形県山形市大字山寺4753　電話023-695-2845

一人さんが
すばらしい波動を
入れてくださった絵が、
宮城県の
定義山(じょうぎさん) 西方寺(さいほうじ)に
飾られています。

仙台市青葉区大倉字上下1
Kids' Space 龍の間

**勢至菩薩様は
みっちゃん先生の
イメージ**

聡明に物事を判断し、冷静に考える力、智慧と優しさをイメージです。寄り添う龍は、「緑龍」になります。地球に根を張る樹木のように、その地を守り、成長、発展を手助けしてくれる龍のイメージで描かれています。

**阿弥陀如来様は
一人さんの
イメージ**

海のようにすべてを受け入れる深い愛と、すべてを浄化して癒すというイメージです。また、阿弥陀様は海を渡られて来たということでこのような絵になりました。寄り添う龍は、豊かさを運んでくださる「八大龍王様」です。

**観音菩薩様は
はなゑさんの
イメージ**

慈悲深く力強くもある優しい愛で人々を救ってくださるイメージです。寄り添う龍は、あふれる愛と生きる力強さ、エネルギーのある「桃龍」になります。愛を与える力、誕生、感謝の心を運んでくれる龍です。

龍神絵師　宝香(ほうか)

作品『弥勒龍』が審査員特別賞受賞（2021年）。作品『SAKURA』を国際平和美術展出展（22年）。作品『フルーツ観音』が千疋屋ギャラリー芸術大賞・現代アーティスト部門（22年）。そのほか、国内・海外出展多数。

斎藤一人さんとお弟子さんなどのウェブ

斎藤一人さん公式ブログ

https://ameblo.jp/saitou-hitori-official

一人さんが毎日あなたのために、ツイてる言葉を、日替わりで載せてくれています。ぜひ、遊びにきてくださいね。

斎藤一人さんTwitter

https://twitter.com/O4Wr8uAizHerEWj

右のQRコードを読み込むか、
上のURLからアクセスできます。
ぜひフォローしてください。

舛岡はなゑさんの公式ホームページ…https://masuokahanae.com/
YouTube…https://youtube.com/c/ますおかはなゑ4900
インスタグラム…https://www.instagram.com/masuoka_hanae/?hl=ja

柴村恵美子さんのブログ…https://ameblo.jp/tuiteru-emiko/
ホームページ…https://emikoshibamura.ai/

みっちゃん先生のブログ…https://ameblo.jp/genbu-m4900/
インスタグラム…https://www.instagram.com/mitsuchiyan_4900/?hl=ja

宮本真由美さんのブログ…https://ameblo.jp/mm4900/

千葉純一さんのブログ…https://ameblo.jp/chiba4900/

遠藤忠夫さんのブログ…https://ameblo.jp/ukon-azuki/

宇野信行さんのブログ…https://ameblo.jp/nobuyuki4499/

尾形幸弘さんのブログ…https://ameblo.jp/mukarayu-ogata/

鈴木達矢さんのYouTube…https://www.youtube.com/channel/UClhvQ3nqqDsXYsOcKfYRvKw

斎藤 一人（さいとう・ひとり）

実業家・「銀座まるかん」（日本漢方研究所）の創設者。1993年以来、毎年、全国高額納税者番付（総合）10位以内にただひとり連続ランクインし、2003年には累計納税額で日本一になる。土地売却や株式公開などによる高額納税者が多いなか、納税額はすべて事業所得によるものという異色の存在として注目される。

著書に『斎藤一人 一人道』『斎藤一人 神的 まぁいいか』『斎藤一人 絶対、なんとかなる!』『斎藤一人 俺の人生』『普通はつらいよ』（以上、マキノ出版）などがある。

舛岡はなゑ（ますおか・はなゑ）

斎藤一人さんの名代。実業家。

東京都江戸川区生まれ。自ら開いた喫茶店「十夢想家（とむそうや）」で一人さんと出会い、事業家に転身し、大成功を収める。一人さんの教えである「本当の自分に気づき、幸せで豊かに生きる知恵」を実際に体験できる、今までにない楽しい「妄想ワーク」や「美開運メイク」を開発。講演会や執筆を通じ、一人さんの教えをたくさんの人に伝えている。

著書に『斎藤一人　白光の戦士』（PHP研究所）、『斎藤一人 奇跡を起こす「大丈夫」の法則』、一人さんとの共著に『斎藤一人 なんとなく』『斎藤一人 炎の浄化』『斎藤一人 龍が味方する生き方』（以上、マキノ出版）などがある。

斎藤一人　檄文

かっこよくて最高に楽しいミラクル・ワード

2023年2月13日　第1版発行

著者　斎藤一人　舛岡はなゑ
発行人　室橋一彦
編集人　髙畑　圭
発行所　株式会社マキノ出版
https://www.makino-g.jp/
〒103-0025
東京都中央区日本橋茅場町3-4-2 KDX茅場町ビル4F
電話　書籍編集部　03-5643-2418
販売部　03-5643-2410

印刷・製本所　恵友印刷株式会社

BN 978-4-8376-1452-4